leykam: *seit 1585*

ULRIKE HAIDACHER

Die Party

EINE EINKREISUNG

ROMAN

leykam: *Belletristik*

Die Party war an dem Tag, an dem ich eigentlich zu meiner Schwester fahren wollte. Es ist nämlich so: Meine Schwester redet nicht mehr mit mir. Nein, man muss es anders zu erzählen beginnen: Ich habe jetzt eine Arbeit. Eine Arbeit, die offiziell als seriös bezeichnet werden kann. Ich bin Lektorin. An der Uni. Das liegt natürlich am Studium, das ich abgeschlossen habe, aber wie ich dann genau Lektorin geworden bin, das kann ich mir jetzt auch nicht immer so genau erklären.

Es ist eine Arbeit, die schon passt, aber nur weil etwas passt zu einem, heißt das noch lang nicht, dass man auch Geld damit verdienen kann. Also genug Geld jetzt. Ist ja nicht so, dass das Leben nichts kostet, und wer will nicht ein bisschen leben? Ich auf jeden Fall schon, also leben will ich, ein bisschen zumindest, habe ich mir gedacht, darum habe ich den Job an der Softeismaschine in dem Innenstadt-Restaurant auch nie aufgegeben. Während des Studiums nicht und danach auch nicht. Also jetzt weniger wegen Vernunft und Vorsorge habe ich diesen sicheren Job mit immerhin neun Euro in der Stunde nie aufgegeben, sondern weil ich das mit dem Kündigen immer aufgeschoben habe, auch nach dem abgeschlossenen Studium. Nicht, weil ich zu faul war zum Kündigen oder es vergessen hätte, sondern weil mir die Leute, die mit der Softeismaschine verbunden sind, leidgetan hätten, weil sie mir ja den Job einmal gegeben haben, und wenn mir jemand einmal etwas gegeben hat, will ich dem gleichen Menschen mich auch nicht wieder wegnehmen. Einmal, da hätte ich fast gekündigt, aber dann hat die Restaurantbesitzerin, eine freundliche Frau mit einer Frisur, die an eine vergangene Zeit erinnert, „schade" gesagt, und wer will schon, dass jemand etwas wegen einem schade findet, wer will schon einen Menschen enttäuschen, der einen mag.

Und nach einiger Berufserfahrung an der Softeismaschine und vielen Überlegungen, was ich stattdessen machen könnte – es muss doch etwas geben, was man auch für mich als „richtigen Beruf" bezeichnen kann, das hat man mir immer wieder mit fordernden Blicken gesagt, etwas „meiner Bildung Gemäßes", „etwas Ordentliches", einen Beruf, in dem Begriffe wie „Teambuilding" oder „Aufstiegschancen" oder „Karriereleiter", „Anständigkeit" und „Ehrlichkeit" vorkommen – je mehr ich darüber nachgedacht habe, und je länger die Softeismaschine, die schon immer für mich da war, die man aber gemeinhin Nebenjob oder Studentenjob oder Übergangsjob nennt, wahrscheinlich weil sie kein Büro beinhaltet und keine Begriffe wie Teambuilding oder Aufstiegschancen oder Karriereleiter, sondern nur eine Softeismaschine und mich, je länger sie also zu meinem einzigen Job geworden ist, desto mehr Freude hat sie mir gemacht, und desto mehr habe ich für mich entschieden, sie von einem Job zu einem Beruf werden zu lassen, weil es schön sein kann, Menschen, die ich privat nie kennenlernen wollen würde, eine Freude mit einem Eis zu bereiten. Menschen, die sich auf dem Weg in ihre seriöse Arbeit noch ein gutes, cremiges Eis gönnen, dem sie nicht widerstehen können, von dem aber niemand wissen darf, dass sie es nicht können, bei dem sie gut darauf achten müssen, dass es nicht auf ihre seriöse Kleidung tropft, und das manchen so gut schmeckt, dass sie danach nicht mehr zufällig vorbeikommen, aber immer noch so tun, als wäre es zufällig, so erstaunt bemerken sie jedes Mal aufs Neue, dass sich in der Auslage des Restaurants jetzt eine Eismaschine befindet, und sie fragen mich jedes Mal unverbindlich nach dem Preis, bevor sie auffällig schnell über die Sorten in meinem Sortiment, das zugegebenermaßen nicht besonders groß ist, Bescheid wissen, zugreifen, das Eis bis zur nächsten Straßenecke in ihre Mägen leeren, oft schon um neun am Vormittag, schnell einen Blick in einen Autospiegel werfen, ob man ihren Mundwinkeln das Eis auch nicht mehr ansieht, und dann in ihrem Alltag verschwinden.

Es ist eine Freude, diese Menschen dabei zu beobachten, wie sie es sich gut schmecken lassen, und zu sehen, wie jeder auf seine individuelle Art mit dem Eisverzehr umgeht, es ist eine Freude, diese Menschen dabei so kennenzulernen, wie es außer mir sonst sicher niemandem gestattet ist, wer außer mir sieht Menschen mit strengem Gesicht, gut frisiertem Haar und korrekter Kleidung gleich bei einem ersten Treffen ein gutes Eis genießen? Außerdem kann es eine Freude sein, kein seriöses Kostüm tragen, ein Team nur mit einer Eismaschine builden zu müssen, vor der ich mein Eis auch nicht verstecken muss, nebenbei über Dinge nachdenken zu können, zum Beispiel darüber, wie das mit meiner Schwester passieren hat können, manchmal sogar ein wenig in einem Buch zu lesen und Zukunftspläne für mich und die Eismaschine zu machen.

Und als ich an einem kühleren Vormittag viel Zeit gehabt habe, mit meiner neuen Entscheidung, einen Job zu haben, den ich ab jetzt Beruf nennen will, zufrieden zu sein, ist aus dem Nichts der Anruf direkt von der Uni gekommen, die meinen Kontakt noch von einer Bewerbung gehabt hat, an die ich mich zu dieser Zeit schon gar nicht mehr erinnern habe können, aber jetzt haben sie angerufen, dass sie genau jetzt dringend jemanden brauchen zum Unterrichten, jemand ist ausgefallen und sie finden sonst niemanden, also es ist zwar nur für ein Semester und auch nicht wirklich so bezahlt, dass man davon leben könnte, aber immerhin eine Erfahrung und eine Chance auf mehr, und wie aus Reflex habe ich von einer Sekunde auf die andere vergessen, dass ich ja schon zufrieden war, mit dem was ich habe, und habe zugesagt. Was bei näherer

Überlegung aber auch wieder nicht so schlecht war, weil, nur weil die Softeismaschine mir Freude bereitet, heißt das wie gesagt eben nicht, dass man von ihr leben kann, also kann es auch nicht schaden, für ein paar Monate einen Nebenjob zu haben, um mir diese Freude quasi zu ermöglichen. Es muss die Softeismaschine ja nicht für immer ein Nebenjob sein, mit dem Alter darf sich auch etwas ändern und so eine Uni kann zum Nebenjob von einer Softeismaschine werden.

Auf jeden Fall habe ich an diesem Tag, also an dem Tag, an dem ich eigentlich zu meiner Schwester fahren wollte, nach dem Unterrichten – was mir übrigens nicht schlecht gefallen hat, aber vielleicht nur deshalb, weil das Wissen in mir war, dass es in ein paar Monaten wieder vorbei sein wird – an der Softeismaschine gearbeitet. Und der Zufall war ein unglücklicher, weil ich an genau diesem Tag ein Buch mitgenommen habe, was ich sonst nie mache, also ein Buch mitnehmen, nein, lesen eigentlich auch nicht, also schon, sicher lese ich, aber ungern Bücher in letzter Zeit, was am Studium und dem Unterrichten liegen muss, aber weder das eine noch das andere dürfen meine Studierenden wissen. Aber an diesem Tag habe ich eben dieses Buch mitgenommen. Vielleicht war das das Unglück im Zufall oder auch das Glück, das kommt jetzt auf die Sichtweise an, dass es genau dieses Buch war, das ich mitgehabt habe. Das Buch habe ich nämlich zum letzten Geburtstag gekriegt, nicht nur einmal habe ich es gekriegt, nein, zweimal sogar, weil es eine Autorin geschrieben hat, „stell dir vor", haben die Verwandten zu mir gesagt, „auch eine Frau ist die, so wie du, und jung ist sie auch, so wie du, und studiert hat sie auch, so wie du, und so ein freches Gör ist sie auch, so wie du." Wirklich, da waren überall Berichte über sie, über die Autorin, dass sie frech ist, aber auch schlau, dass sie einen tiefschwarzen Humor hat und mit ihrem österreichischen Frauenfinger in Wunden bohrt, in die sich sonst keiner zu bohren traut, nicht einmal ein normaler Männerfinger traut sich so zu bohren, aber sie traut sich das, die Frau, und das, obwohl sie jung ist und eine Frau, und studiert hat sie auch und ist auch noch frech dabei. Und wirklich schlau, ob das schon erwähnt worden ist, dass sie wirklich schlau ist? Und trotzdem schön? Und wirklich mutig, weil so was wie sie traut sich ja sonst niemand zu sagen! „Du, und da haben wir uns gedacht, das passt gut zu dir, vielleicht inspiriert es dich zu etwas Höherem als zur Eismaschine."

Und ich war zwar einerseits verwundert, warum wir jetzt beide freche Gören sind, die Autorin und ich, nur weil wir beide jung sind und Frauen und studiert haben, aber manchmal ist es auch schön, Gemeinsamkeiten mit jemandem zu haben, den man nicht kennt, also habe ich das Buch natürlich gleich lesen wollen und war schon gespannt auf den

Mut und die Neuheit ihrer Gedanken. Und dann ist etwas Interessantes passiert: In diesem Buch von dem jungen, frechen Gör, das auf dem Foto hinten im Buch eh wie eine ernst zu nehmende Person ausschaut, was mich durchaus überrascht hat, weil nachdem sie überall und von allen nur als „freches Gör" bezeichnet worden ist, hätte ich mir weiß nicht was vorgestellt, vielleicht so einen kleinen, frechen Kobold, der irgendwo keck hervorlugt, aber jedenfalls keinen seriösen Menschen – wie auch immer – also, das Interessante war: In dem Buch dieser Autorin werden viele ältliche Philosophen zitiert, die schon lang nicht mehr leben, ihr Werk ist in Hexametern geschrieben, die auch schon lang nicht mehr leben, und in diesen Hexametern werden Themen besprochen, die auch schon lang nicht mehr leben, zum Beispiel wird die Frage aufgeworfen, ob denn niemand mehr Lust verspüren und Humor haben darf in dieser heutigen lustlosen Frauenzeit. Also für sie, die Autorin, ist ein freundliches Kompliment oder ein kleiner männlicher Witz noch keine Belästigung, was haben eigentlich alle gegen Komplimente in dieser heutigen Zeit oder auch gegen heimatverbundenen Humor, so ein Humor kann schon Freude machen und die Menschen verbinden, vor allem die jungen Menschen, so wie sie einer ist, sollten noch Freude empfinden und sich verbunden fühlen dürfen, was die meisten leider nicht tun, aber sie, die Autorin schon, sie empfindet Freude, nicht nur am Kompliment, sondern auch am Witz und an der Tradition, und die Tradition muss nicht immer heiter für sie sein, sie darf auch wehtun, da kann auch geschimpft und beschimpft werden, aber nur als Zitat und Kritik am Beschimpfen, nein, so klar wird das nicht, weil es sollen auch wirklich alle was zu lachen haben, und das sagt sie hiermit auf über 500 Seiten in traditionellen Reimen, die nicht so einen gegenwärtigen Ton besitzen, der nur Verbote beinhaltet, sondern einen freien Ton, der noch die Freiheit der damaligen Zeit charmant in sich trägt, ja, man könnte ihn auch als ironische Vintage-Poetry bezeichnen. Auf der Buchrückseite wird ein renommierter Wiener Regisseur zitiert, von dem ich bis zu diesem Zeitpunkt noch nie gehört habe, er sagt, dass die junge Autorin, also das freche Gör, wie er sie humorvoll, aber liebevoll nennt, DIE Stimme des zeitgenössischen Feminismus ist, weil es wirklich beeindruckend ist, wie sie auf den Feminismus und alles, was einem heutzutage sonst noch aufgezwungen wird, „scheißt". Und dabei hat er „scheißt" in Anführungszeichen gesetzt, was mich wiederum zu der Frage gebracht hat, warum er das macht, warum setzt er „scheißt" in Anführungszeichen, meint er das ironisch oder hat er Sorge, dass „scheißt" wörtlich verstanden werden könnte oder falsch, wie soll man ein einfaches Wort wie „scheißt" falsch verstehen, so blöd kann ja keiner sein, jetzt habe ich mir die Frage aber nicht zu Ende stellen und somit auch nicht beantworten können, weil ich mir plötzlich vorstellen habe müssen, wie dieser Regisseur dieses Buch liest und dabei: „So eine Powerfrau, endlich denkt eine das, was schon immer alle gedacht haben, und das als Frau“ vor sich hin murmelt und sich dabei ausgiebig über seine Erektion streicht. Und danach habe ich das Buch auch wieder vergessen, bis zu dem Tag der Party, da hat eine Studentin mit Haarknoten und rotem Lippenstift aus dem Nichts gesagt, „unglaublich mutig diese Frau“, und hat damit die Vintage-Poetry-Autorin gemeint, in der sie ein Role Model sieht und über die sie bald ein Referat halten wird, und weil ich mir gedacht habe, in dem Fall sollte ich vielleicht eine Kompetenz aufweisen, habe ich das Buch erneut hervorgeholt und zum Arbeiten nach dem Unijob mitgenommen und fürs Erste auf die Softeismaschine gelegt. Dabei war ich mit den Gedanken eigentlich ganz woanders: Weil das Problem ist eben, dass meine Schwester nicht mehr mit mir redet, und das seit fünf Jahren, und seitdem trage ich diese Schuld mit mir herum. Aber so ein Nichtreden und Schuldsein kann zu so einer Normalität werden, dass man sie nicht einfach unterbrechen kann, das kostet schon was, eine Entschuldigung zum Beispiel, aber vielleicht war gar niemand an irgendetwas Schuld und es ist reiner Zufall, dass meine Schwester nicht mehr mit mir spricht. Und wenn ich mich jetzt nach fünf Jahren für etwas entschuldigen würde, was es gar nicht gibt, könnte das schon auch peinlich für mich werden. Außerdem habe ich mich an das Schweigen und die Schuld auch schon gewöhnt, sodass ich mir gar nicht mehr vorstellen habe können, ohne sie zu leben, weil was so lange mit einem lebt, wird man vielleicht auch vermissen, wenn es nicht mehr da ist. Das alles hätte mir aber auch egal sein können, ich hätte mir weder Gedanken über meine Schwester noch über meine Schuld machen müssen, wenn meine Schwester jetzt nicht auch noch ein Kind gekriegt hätte, das schon ihr zweites war. Und dieses zweite Kind ist genau an diesem Tag, an dem auch diese Party war, auf diese Welt gekommen, und weil ich diese Schuld jetzt schon so lange vor mir herschiebe, aber ich dem Kind als Geburtsgeschenk lieber etwas anderes geschenkt hätte als alte Schuld, wollte ich an diesem Tag dieser Schieberei endlich ein Ende setzen und zu meiner Schwester fahren.

Aber dann war da plötzlich dieser Mann, der sagt: „Einmal Erdbeere, bitte." Dieser Mann Ende vierzig, dem man ansieht, dass er einmal sehr hübsch gewesen sein muss, mit dunkelblonden, verwegenen Haaren bis kurz über die Schulter und kompetenten Bewegungen, dessen Leben auf seinem Körper aber einige Sichtbarkeiten hinterlassen hat, sagt einfach: „Einmal Erdbeere, bitte." Seine durchdringenden Augen kämpfen sich durch rötlich geschwollene Hautsäcke, während er an seiner E-Zigarette mit

Waldbeergeschmack zieht und sich mit seinen großen Händen über den fettigen Film auf seiner Stirn streicht, wodurch ich vermuten muss, dass er einen ordentlichen Kater hat und jetzt seinen Brand mit Waldbeerduft und Erdbeereis löschen muss. Aber ich habe ihm das Erdbeereis natürlich widerstandslos gegeben, „einen Euro, bitte", ich war nämlich auch recht froh, dass überhaupt jemand ein Eis kaufen wollte und ich dann sogar noch Zeit gehabt habe, den Ende vierzigjährigen Jugendlichen dabei zu beobachten, wie er geschäftig seiner Wege geht, aber an der nächsten Hausecke stehen bleibt und sein Erdbeereis konzentriert und eilig, aber nicht gierig finalisiert und – und wieder umdreht, zurückkommt und sagt: „Noch einmal Erdbeere, bitte", und sich dabei völlig selbstverständlich mit der kleinen Serviette über den Mund wischt. Es ist ja nicht so, dass ich beim ersten „einmal Erdbeere, bitte" nicht schon etwas erstaunt gewesen wäre, ich hätte nämlich nicht vermutet, dass dieser verblühte Mädchenschwarm Sätze wie „einmal Erdbeere, bitte" sagt. Ich hätte mich nicht gewundert über „einen Espresso, bitte" oder „ein Extrawurstsemmerl, bitte" oder „Hast du auch einen Ayran?" oder wenn er zumindest Pistazie als Eissorte gewählt hätte, was ich durchaus im Sortiment gehabt hätte, aber „einmal Erdbeere, bitte", das hat mich schon wirklich verwundert. Und so habe ich gar nicht anders können, als ein bisschen berührt zu sein von dem aufgedunsenen Schönen mit seiner unstillbaren Lust auf das chemiefabrizierte Eis. Und aus dieser Berührung heraus habe ich zu sprechen begonnen, ich weiß bis heute nicht, wie das passieren hat können, weil ich beginne eigentlich nie zu sprechen mit Fremden, die ein Erdbeereis bestellen, genau deshalb, weil das ungeahnte Auswirkungen haben kann, so wie an diesem Tag, und so habe ich wie von selbst zu erzählen begonnen, während ich das Erdbeereis aus der Maschine rinnen habe lassen, dass ich auch Erdbeereis mag, was im Übrigen gar keiner Wahrheit entspricht, ich in dieser Situation aber sagen habe müssen, nur so kann ich mir meinen Redeschwall im Nachhinein erklären, um ihm zu zeigen, dass es für mich wirklich sehr in Ordnung ist, zwei Portionen Softerdbeereis einzunehmen, denn es hätte doch sein können, dass er sich für sein Wiederkommen nur wegen eines guten Eises geniert, wozu es keinen Grund gegeben hätte, und das wollte ich ihm zeigen, für so eine Eiseslust braucht sich niemand zu genieren, keine Sorge. Und ich erzähle, während ich das Eis professionell übergebe, dass ich erst letztens auch dieses Erdbeereis gegessen habe, auch mehrere Portionen, warum lüge ich, eine gute Wahl also, so ein Erdbeereis! „Einen Euro, bitte“, und in dem Moment, also viel zu spät, weil es war, nachdem ich mich schon um Kopf und Kragen geredet habe, ist mir erst aufgefallen, dass die Aufmerksamkeit des

Mannes, dessen verblasste Attraktivität sich in genau diesem Augenblick kurz erahnen hat lassen wie eine Sonne im Dauernebel, gar nicht auf mich, sondern auf das Buch gerichtet war, das da vergessenerweise auf der Eismaschine gelegen ist, was mich ein bisschen geärgert hat, das muss man jetzt schon sagen dürfen, weil wenn ich schon wegen ihm lüge, könnte er mir auch die meiner Lüge gebührende Aufmerksamkeit schenken. „Guter Geschmack", er klopft mit seinen Fingerknochen auf das Buch, mit einem Selbstbewusstsein, das offensichtlich zeigen will, dass er im Recht ist, und zwinkert mir verschwörerisch zu, als hätte ich irgendwas richtig gemacht, von dem ich aber nicht genau weiß, was das sein könnte, als ob nur wir beide etwas wüssten, was die schnöde Allgemeinheit nicht weiß. Und weil es mir auf einmal unangenehm ist, dass ausgerechnet ich jetzt die Verbündete sein soll von genau ihm, dem verblühten Erdbeereisjunkie, sage ich möglichst unbefangen: „Ah ja, das Buch … Hab ich noch gar nicht gelesen." Der Fremde hört mich nicht, schleckt eine kompetente Runde über sein Erdbeereis, fährt sich gleichzeitig nachdenklich durch sein Haar, schaut in die Ferne und sagt: „Ja, ja, ja. Ein Ausnahmetalent. Für mich ist sie DIE Stimme des zeitgenössischen Feminismus. Weißt du, ich darf doch Du sagen, oder? Neben ihrem scharfsinnigen Blick auf die österreichische Seele finde ich es einfach unglaublich, wie sie auf den Feminismus scheißt.

Mutig. Wirklich mutig." Und bei dem Wort „scheißt" deutet er mit seinen Fingern Anführungszeichen an und sagt: „Entschuldige, ich habe mich noch gar nicht vorgestellt. Ich bin Künstler. Regisseur." Jetzt ist es so weit, jetzt hat er sich vorgestellt, das ist der Moment, in dem wir ein Gespräch beginnen müssen, der Moment, ab dem niemand mehr niemandem auskommt, hätte ich nur nicht zu sprechen begonnen! Da haben wir es wieder, man darf nicht zu viel mitfühlen mit den Menschen. Und alles nur, weil ich gedacht habe, er könnte sich für seine Eiseslust genieren, was er sicher nicht getan hat. Leute wie er genieren sich nicht, für nichts, Leuten wie ihm ist es scheißegal, ob es vielleicht einer Eisverkäuferin komisch vorkommen könnte, dass sie „einmal Erdbeere" sagen, und das gleich zweimal, Leute wie er machen das einfach, sagen einfach zweimal „einmal Erdbeere", das ist für Leute wie ihn völlig normal, und sie sagen dann auch noch „guter Geschmack", klopfen mit ihren Fingerknochen dabei auf fremde Bücher und sagen, „ich bin Künstler", wie bin ich überhaupt auf die Idee gekommen, dass sich irgendjemand für ein Eis genieren könnte, kein Mensch geniert sich für ein Eis! Ich schaue auf die Buchrückseite, dann auf den Regisseur, und nachdem ich in seinem Blick erkennen kann, wie er sich freut, dass er nicht nur Regisseur, sondern der Regisseur ist, der auf der Buchrückseite zitiert wird, was ihn nicht nur zu einem Regisseur, sondern zu einem renommierten Wiener Regisseur macht, ist meine Wut plötzlich weg und die Berührung von vorhin wieder da, und so will ich ihm seine Freude nicht verderben und bereite mich schon darauf vor, irgendwas zu sagen, was ihn freuen könnte, wie: „Ja, wirklich sehr beeindruckend, dieser Mut, sie legt den Finger wirklich dorthin, wo es wehtut, und das noch dazu als Frau, tiefschwarz und so mutig, und du, ich darf doch Du sagen, du hast es erkannt.“ Aber während der Vorbereitung für diese passenden Sätze kommt die Wut plötzlich zurück, allerdings habe ich jetzt überhaupt keine Zeit, darüber nachzudenken, warum, ob ich wütend bin wegen seines verschwörerischen Blicks, der noch immer da ist, der mir aber abgesehen von allem viel zu intim ist und, ganz ehrlich, ich habe jetzt keine Zeit für Intimitäten, oder ob ich wütend bin, weil der Regisseur nicht anerkennt, dass ich aus purer Selbstlosigkeit mit ihm zu sprechen begonnen habe, und er diese Selbstlosigkeit unverschämt ausnutzt, um nur über sich zu sprechen, und während ich keine Zeit habe, über all das nachzudenken, spricht aus mir plötzlich ein über die Maßen lautes „Hä?“ heraus, sodass ich selber einen Schrecken kriege. Es ist ein richtig fassungsloses, ja, ins Angewiderte gehendes „Hä?“, von dem ich bis dahin nicht gewusst habe, dass ich es überhaupt in mir trage, unglaublich eigentlich, wie viele gut versteckte Laute ein Mensch in sich herumträgt, und erstaunlich auch, wie unerwartet diese dann aus demselben Menschen heraustreten können. Und weil der Regisseur, der ebenfalls einen Schrecken kriegt, sodass er minimal zusammenzuckt und dadurch ein Erdbeereistropfen auf seinen alten Sneaker-Schuh tropft, mich völlig ratlos anschaut, weiß ich, dass ich dieses „Hä?“ zu erweitern habe, dass die Macht dieser Situation auf meiner Seite ist, dass er mir nicht mehr auskommt, so ein „Hä?“ kann selbst einen renommierten Wiener Regisseur mit Erdbeereis aus der Fassung bringen, reglos steht er da, traut sich keinen Finger zu rühren, und wir beide wissen, dieses „Hä?“ ist nur die Vorbereitung auf etwas Größeres gewesen, was der Regisseur so noch nie gehört hat, zum Beispiel: „Du, ich darf doch Du sagen, oder? Du kannst hundert Mal betonen, wie sehr du diese Frau bewunderst, du kannst auch hundert Mal betonen, wie mutig du sie findest. Ich aber, ich weiß genau, dass du nix anderes machst, als dich in deinen eigenen Sätzen zu suhlen, ich weiß, dass es deine eigenen Sätze sind, die dir das Gefühl geben, am Puls der Zeit zu sein, der Förderer unentdeckter Künstlerinnen, der sich nicht scheut, furchtlos und bestimmt das Talent junger Frauen anzuerkennen, denen du selbstlos nicht nur erstaunliches Talent zubilligst, sondern sogar auch noch Mut und Schlauheit, was du normalerweise nur dir selber zugestehst oder längst Verstorbenen. Du, der du gerne Visionär wärst, bist aber einfach nur feig und fad. Woher ich das weiß? Weil ich dich kenne! Du bist der Professor auf der Uni, der der Studentin mit Mittelscheitel, die über vergangene Mythologie schreibt, eine bessere Note gibt als der gleichen Studentin, wenn sie eine tiefe Stimme hätte und über was Echtes von heute schreiben würde, du bist der mit den großen Ideen, der es aber nicht einmal schafft, seine Kreditkarte zu kündigen, weil du noch immer vermutest, zu Höherem geboren zu sein, wofür bis heute aber jeder Beweis aussteht, und du bist auch der, der genau weiß, dass es Tausende andere gibt, bei denen der Beweis nicht mehr aussteht, weil diese Tausenden anderen im Gegensatz zu dir weder feig noch fad sind, und weißt du, was daraus folgt? Ich sage dir, was daraus folgt: Daraus folgt, dass du dich magisch angezogen fühlst von Menschen, die dir genauso ungefährlich sind wie du dir selbst oder die längst Verstorbenen, und wenn sie dann auch noch verpackt sind, diese Menschen, in junge Frauen, mit denen du dich aber nicht konfrontieren musst, weil sie eh keine Gefahr für dich sind, dann, ja, also dann, Verzeihung, darauf wollte ich hinaus, dann hast du das Gefühl, gewonnen zu haben. Weil dann bist du nicht nur Frauenförderer und entsprichst einem guten Bild, nein, du hast noch mehr davon, weil du liest in ihren Texten das, was du selber geschrieben haben könntest. Du bewunderst also nicht die Künstlerin. Du findest sie nicht einmal mutig. Du fühlst dich sicher. Weil sie das schreibt, was du dir denkst, was aber so banal und alt ist, dass du es dich nicht einmal in dein heimliches Tagebuch zu schreiben trauen würdest. Und weil diese Frau kein Dirndl trägt und keinen Knödeltopf in der Hand hat, sondern städtischen Schick besitzt und ein Fremdwort benutzt, schreibst du ‚revolutionär' und ‚neu' dazu. Aber der Inhalt ist alt. Älter als du und all die Verstorbenen je sein werden. Aber der Unterschied ist: Sie weiß wenigstens, was sie da tut. Bei dir bin ich mir nicht so sicher. Du feiger Sack."

So circa habe ich mir das vorgestellt und deshalb auch so lange geschaut, aber das zu sagen wäre mir dann doch etwas zu langatmig geworden, so lange muss ich jetzt nicht mit ihm Zeit verbringen, außerdem war mein Dienst auch gleich vorbei, und ich sage also stattdessen: „Ja, voll. Nein ... ich meine, ja. Mhm, spannend." Und der Regisseur steckt sich den letzten Rest von seinem Erdbeereis in den Mund und sagt in Gedanken versunken: „Ja. Spannend." Und dann, dass er es spannend findet, mit mir zu diskutieren, er mich zwar schweigsam findet, aber merkt, da ist noch viel dahinter, also durchaus spannend und vielschichtig findet er mich, ob er mir dieses Kompliment machen darf? Und dass er eine Party macht heute Abend, ja, das ist jetzt eine spontane Einladung, weil er das Gefühl hat, wir sind auf einer Ebene, und er ist da immer recht offen und lädt Leute, mit denen er auf einer Ebene ist, eben gerne ein, und es könnte auch für mich interessant sein, weil heute Abend kommen viele Leute aus vielen verschiedenen Kontexten, und zu dieser Verschiedenheit würde ich gut passen. Die Party ist übrigens in seinem Jugendhaus auf dem Lande, nicht weit von der Stadt, Nostalgie pur, da haben seine Eltern nämlich ein Wochenendhaus, in dem sie ihr Wochenende nie verbringen, und darum veranstaltet er dort regelmäßige Kochevents. Nein, das ist zu viel gesagt, eigentlich ist es viel schlichter: Kochpartys. Ja, das könnte das richtige Wort sein. Jeder bringt mit, was er will, und am Ende kommen viele verschiedene köstliche, individuelle Gerichte von vielen verschiedenen köstlichen, individuellen Menschen heraus. Das ist oft besser als ein Haubenrestaurant, die mag er sowieso nicht, er ist da eher schlichter, deswegen die schlichten Kochpartys mit dem schlichten Namen und das schlichte Selber-Mitnehmen und Selber-Kochen und so. Das macht er jetzt schon seit Jahren und es ist jedes Mal ein Riesenspaß. Ob mir das gefallen könnte? Und mir gefällt immer noch, dass er mich vielschichtig nennt, ich habe bis dahin nicht gewusst, dass man Menschen Vielschichtigkeit ansehen kann, aber gut zu hören immerhin, und darum sage ich einfach: „Ja, unbedingt. Danke für die Einladung“, obwohl ich jetzt schon weiß, dass ich ihn nicht wiedersehen werde, was ich gar nicht so schade finde, und bevor er die Möglichkeit hat weiterzureden, entschuldige ich mich, dass ich jetzt leider losmuss, runter in den Keller, Erdbeereisnachschub holen, und während der Regisseur seiner Wege geht, gehe ich meiner, die steile Kellerstiege hinunter, die nur von einer dumpfen Glühbirne beleuchtet wird, und ich frage mich, wenn er wiederkommen würde, würde er dann wieder Erdbeere bestellen oder eine Sorte, die besser zu ihm passt.

Am Abend, also am frühen Abend, der fast noch später Nachmittag war, bin ich dann zu meiner Schwester gefahren. Und in der S-Bahn war alles wie immer. Dabei hätte das Leben ruhig ein bisschen mehr an meiner Veränderung teilnehmen können. Die Menschen zum Beispiel hätten anders reden können als sonst, hätten sich anders verhalten können oder ein bisschen anders ausschauen. Oder zumindest das Licht hätte anders sein können – heller oder dunkler – aber nichts. Alles war gleich und auch die Gegend war wie immer. Eine typische Fahrt in das Wiener Umland eben, mit Industrie und fehlender Landschaft. Und seltsamerweise war ich selbst auch wie das nicht an meiner Veränderung teilnehmende Leben, wie immer war ich, unverändert und ganz ruhig in mir drin. Obwohl ich es schon erstaunlich gefunden habe zu wissen, dass sich in einer Stunde mein Leben komplett verändert haben wird. Ich werde ein Kind gesehen haben, das ich bis dahin nicht gesehen habe, und dieses Kind wird mich gesehen haben, wird mich kennenlernen, ich werde seine Tante sein, und irgendwann wird es für es, das Kind, dann so sein, als wäre ich schon immer da gewesen. Und in einer Stunde werde ich auch wieder mit meiner Schwester geredet haben. Und eigentlich ist es auch völlig wurscht, in welche Richtung sich mein Leben verändern wird, Hauptsache ist, dass das mit meiner Schwester geklärt ist, manchmal muss man eben etwas klären im Leben, denn zum Leben gehört Mut, und wer nicht wagt, der nicht gewinnt, und gerade wie ich anfange, in Sprichwörtern zu denken, wird mir ganz heiß und alles, was vorher noch klar war und wie immer, ist jetzt unklar und anders, die Leute, die vorher noch einfach da waren, stinken jetzt nach Schweiß und Frittatensuppe, die ganze S-Bahn verschwimmt vor mir, alles dreht sich, zu wenig Luft ist da, und als die S-Bahn endlich stehen bleibt, springe ich aus dem Zug. Ein alter, bewaldeter Bahnhof, wo nichts nach Mensch riecht, sondern nur nach Wald, und ich gehe einfach los, auf der Straße, durch den kleinen Wald, herrlich dieser Waldgeruch, wer kennt das heutzutage in der Stadt noch, ich fühle mich fast wie der Peter Rosegger oder wer anderer Naturverbundener, gehe eine Schotterstraße entlang, die mich an ganz früher erinnert, wie sehr habe ich dich vermisst, Schotterstraße, der Donaugeruch, der jetzt immer näherkommt, gehe, immer dem fauligen Wassergeruch nach, beginne zu rennen, immer schneller, auf die Donau zu, ach Donau, was verbinde ich mit dir, nichts, renne hinein in die Donau, bis ich nicht mehr rennen kann, falle über das viele Wasser und lande im Querformat, quasi auf allen vieren. Bleibe so liegen, Füße und Arme ausgestreckt, der Kopf im Wasser, mache die Augen auf, sehe nichts außer fahlem Grün, blubbere das eiskalte Wasser aus, bleibe so liegen, wenn man sie überwunden hat die Eiseskälte, wird sie geil, die Augen tun weh, aber der Atem hält noch, blubbere weiter, geiles, fahles Donaugrün, bis die Luft ausgeht, ich tauche auf, das war noch einmal knapp, das war jetzt wirklich kurz vor dem Untergang, fast hätte ich keine Luft mehr gekriegt, fast wäre es aus gewesen mit mir, ein existenzielles Gefühl, da fällt mir auf, dass ich im Wasser auch knien hätte können, weil es so seicht ist. Und ich entscheide mich, noch ein bisschen im Wasser zu knien, sie ist angenehm, diese Nässe, um währenddessen zu überlegen, wie ich mit dieser Situation jetzt umgehen soll und welche Schritte eingeleitet werden könnten, da sehe ich plötzlich vor mir ein Bein, das aber nicht meines sein kann. Und an diesem Bein einen Körper mit zwei Armen und Händen, an denen jeweils ein dünnes Plastiksackerl, gut gefüllt, hängt. Ein unbekannter Reflex empfiehlt mir, schnell wieder unterzutauchen, aber da ertönt bereits die Stimme aus diesem fremden Körper: „Ich bin jetzt ganz schön lang hinter dir hergelaufen, ich laufe sonst nie hinter jemandem her – Respekt also." Der Mann, der zu dieser Stimme gehört, erklärt mir, dass da so ein innerer Wunsch in ihm war, mich zu retten, uh, das klingt jetzt so, wie es nicht klingen sollte, natürlich ist er sich sicher, dass ich mich auch gut selbst retten hätte können. Aber wie soll er sagen, er hilft eben gerne, nicht in seiner Arbeit, in seiner Arbeit ist er Visionär und kann dabei nicht an andere denken, weil das die

Vision zunichtemachen würde, aber in seiner Freizeit, von der er leider viel zu wenig hat, ist Helfen für ihn wirklich eine wunderbare Beschäftigung, viel zu wenig denkt er da an sich, viel zu viel an das Wohl der anderen. Und er erklärt mir, dass ich jetzt ordentlich abgetrieben bin, ich soll die Strömung der Donau nicht unterschätzen. Er schaut mit seinem stechenden Blick so weit in mich hinein, wie es ihm möglich ist, fährt sich durch sein dünnes Haar, das bis knapp über die Schulter reicht, und sagt: „Entschuldige, ich habe mich noch gar nicht vorgestellt. Ich bin Künstler. Regisseur." Und er streckt mir sein Bein hin, als würde er das mit der Hilfe erneut versuchen, aber diesmal eher so nebenbei, als könnte es auch eine einfache Begrüßung sein, so ganz klar ist das nicht zu verstehen. Ich starre ihn an, er starrt mich an, der wiedergefundene Erdbeereisjunkie, aber er schaut irgendwie nicht so, als würde er mich erkennen, dabei ist unser Kennenlernen nicht einmal drei Stunden her, es ist schon erstaunlich, wie wenig man jemanden erkennen kann nach so kurzer Zeit. Andererseits ist es auch gut, dieses Nichterkennen, dann kann alles so weitergehen wie geplant, was auch immer geplant war, wie komme ich da weg, warum starrt er nur und bewegt sich nicht, ganz gut macht er das eigentlich, wie er da mit ausgestrecktem Bein in den Sonnenuntergang hinein posiert, und das, obwohl der aus der Donau hervortretende Kanalgeruch gar nicht zu diesem Bild passt, aber zu ihm schon, so geheimnisvoll, „Verwelkte Schönheit vor Kanalgeruch“, das wäre ein mögliches Bild, das einmal gemalt werden könnte, wenn ich malen könnte, würde ich das malen, aber darum geht es nicht, und da, plötzlich, ohne dass ich es vorhersehen konnte, spricht aus mir erneut dieses bis zu diesem Tag in mir gut versteckte, viel zu laute „Hä?“, sodass ich selber wieder einen Schrecken kriege und ein Donauwasserrest aus meinem Mundwinkel rinnt. Der Regisseur zuckt ebenfalls zusammen, woraufhin seine Plastiksackerln minimal vibrieren. Und ich: „Also, ich mein, wir kennen uns eh. Von vorher“, der Regisseur neigt den Kopf leicht, das Bein noch immer anbietend, und ich wieder: „Von der Eismaschine. Ähm. Das Buch? Das wir beide lesen? DIE Stimme des zeitgenössischen Feminismus?“ Da erhellt sich noch unvorhergesehener als mein „Hä?“ sein Gesicht: „Ja, die Eisprinzessin!“

„Entschuldigung, wer bin ich?“ Und der Regisseur auf einmal ganz fröhlich: „Durch die Nässe hätte ich dich fast nicht erkannt! Entschuldige, ich kenne so viele Gesichter, da kann ich nicht jedes wiedererkennen, aber jetzt, wo du mich zitierst, kommst du zurück in meine Erinnerung. Welche Freude, dass du meiner Einladung gefolgt bist, und was für ein Zufall, vielleicht sogar ein Schicksal, dass ich dich hier treffe! Weißt du, ich war nämlich gerade bei der Gerti Grammelknödel und Zucchini holen, schau, runde Zucchini, darum war mir ein

Abstellen der Sackerln vorhin nicht möglich, sonst wären sie vielleicht davongerollt, haha, das war jetzt ein humorvoller Witz, aber schau, da ist schon das elterliche Haus."

Während ich im Wasser knie und in der Nähe des Ufers ein gemütliches Haus erkenne, aus dem warmes Licht strömt und aus dessen Kamin wohliger Holzgeruch dringt, spüre ich, wie sich meine Kleidung voll selbstbewusster Nässe an meinen Körper schmiegt, ich steige aus dem Wasser in die kalte Luft und folge dem wärmenden Holzgeruch und somit dem Regisseur ins Haus, während dieser nicht aufhört zu reden: „Ich richte schon einmal die Grammelknödel an, mein heutiges Motto ist die Ursprünglichkeit, ja, ja, jede Kochparty hat ihr Motto! Schau, da geht es hinein, ich gehe schon mal runter in den Keller, du kannst dann nachkommen, runter, in den Partykeller, vorher nimm dir aber bitte etwas Trockenes zum Anziehen, nicht, dass du dich verkühlst, schau, da ist das Bad und da, in diesem Zimmer findest du trockenes Gewand, meine Freundin hat circa die gleiche Größe wie du und rennt sowieso immer nur nackt herum, nein, Spaß beiseite, also bitte, bedien dich einfach und fühl dich wie zu Hause!" Und so plötzlich, wie er vor mir aufgetaucht ist, ist er auch wieder verschwunden.

Ich stehe allein in einem fremden Zimmer vor einem fremden Kleiderhaufen, aus dem Waschmittel vermischt mit Hautgeruch dringt, ich betrachte das Wasser, das von meiner Kleidung auf den Boden tropft, eine kleine Lacke Donauwasser bildet sich vor mir, und ich frage mich, ob es noch so viel Wasser werden wird, dass ich mein eigenes Spiegelbild darin erkennen kann, und auf einmal kommt es mir völlig unangebracht vor, in einem fremden Kleiderhaufen zu wühlen, an dem noch fremder Hautgeruch hängt, und es wäre mir auch sehr unangenehm, jetzt dieser Nackten zu begegnen, also ziehe ich schnell das Nächstbeste aus dem Haufen, ein weißes T-Shirt, viel zu groß, eine alte Jean und weiße Turnschuhe. Ein guter Moment, um wieder zu gehen. Ich gehe also den Gang entlang zur Haustür, da fallen mir erst die Eindeutigkeiten auf, die dieses Haus zu einem ehemals elterlichen Haus machen: der durchsichtig genoppte Plastikteppich im Vorraum, der Hagebuttenkranz an der Glastür zur Küche und der alte Küchengeruch, der sich mit dem aus dem Vorzimmer schon vor vielen Jahren vermischt haben muss. Am Vorzimmerkastenspiegel klebt noch die Hälfte eines Mickey-Mouse-Stickers, den vor langer Zeit jemand zu entfernen versucht haben muss, ein heimatliches Gefühl aus einer alten Kindheit durchströmt mich, durch das mir fast wieder einfällt, dass ich ja eigentlich auf dem Weg zu meiner Schwester bin, was mein aufgeregtes Magengefühl vielleicht erklären hätte können, woran ich aber schon wieder aufhöre zu denken, bevor ich überhaupt damit begonnen habe, weil sich jetzt vor mir die Kellerstiege auftut, die ich hinuntergehe, ja hinuntergehen muss, weil man sich an ihrem Ende unmöglich eine Party vorstellen kann. Es ist eine erdige Stiege, die gelagerte Kartoffeln immer näherbringt, nur eine dumpfe Glühbirne leuchtet mir über den steilen Stiegen den Weg.

„Bedauerlicherweise muss ich Sie um Ihre Gästekarte bitten." Ein Zweimeter-Mann, der monoton und sehr langsam spricht, in einem grau melierten Rollkragenpullover und mit schwarzem, gescheiteltem Haar, steht unten vor einer massiven Kellertür als quasi privater Türsteher. Und ich, leicht irritiert: „Ähm. Bedauerlicherweise habe ich keine." „Bedauerlicherweise kann ich Sie dann nicht ...", da erstarrt er auf einmal, er mustert mich, in derselben Geschwindigkeit, in der er spricht, von oben bis unten, und setzt fort: „Oh. Oder sind Sie der kleine Wassermann?"

„Wer bin ich?"

„Jene Dame, welche bedauerlicherweise in die Donau gefallen ist."

Und da fällt mir erst auf, dass er bei jedem „bedauerlicherweise" den Kopf leicht senkt wie bei einer kleinen Verbeugung, was ich recht höflich finde, und automatisch mache auch ich eine kleine Verbeugung, zu der ich, auch für mich durchaus überraschend, meine Hände leicht falte, es ist eine schöne Situation, in der der Zweimeter-Mann und ich uns befinden, so friedlich, und ich sage trotzdem möglichst knapp, ich meine, was soll ich sonst sagen: „Ja."

„Oh, bitte, treten Sie ein."

„Und Sie? Sind Sie auch ein Gast?" Was für eine Frage, aber was soll ich sonst fragen in so einer Situation, ich weiß über solche Situationen auch nicht Bescheid, schließlich war ich noch nie in so einer, und der Zweimeter-Mann in seiner monotonen Art: „Sind wir nicht alle Gäste?" Ich verstehe nicht recht, starre ihn an, er lächelt monoton, ich versuche zurückzulächeln, da öffnet er mir mitsamt einladender monotoner Geste und lächelnder Verbeugung die Kellertür.

Ein alter Partyraum tut sich vor mir auf, also ein Partyraum, der einmal ein Partyraum war, in einer Jugendzeit in den 80er-Jahren wahrscheinlich, vereinzelt stehen Menschen herum. Am Ende des Raumes eine eindeutig selbst gebastelte Bar, alles in Weiß gehalten und alles schon leicht verstaubt. Auf den Fensterbänken, deren Fenster nirgends hinführen, sind alte Austernschalen aufgestellt, in denen sorgfältig hineingelegte Murmeln liegen, wahrscheinlich, weil es schön ist, umsäumt von alter Asche und vereinzelten Zigarettenstummeln. Rechts eine Tür mit einem Schild: „Siehst du die Reste deiner Würste, sei so nett und nimm die Bürste" – ich schaue durch die leicht geöffnete Tür, dahinter eine Duschkabine, vollgeräumt mit Stapeln Handtüchern und Kübeln, ein Waschbecken, in dem ein alter Fön und ein bemerkenswerter Haufen Bart- und/oder Schamhaare liegen, ein elektrischer Rasierapparat umgeben von ähnlichem Schmuck liegt am Waschbeckenrand. Zwischen Dusche und Waschbecken ist ein Klo mit alter Spülkette, daneben eine Klobürste in Form einer Blume. Ich schließe die Tür, gehe weiter in einen Raum, aus dem Partylaute und Essensgeruch dringen – das ist er also, der offizielle Partyraum, gut gefüllt mit Menschen. Ich bleibe im Türrahmen stehen, wie viele Menschen dort sind, kann ich gar nicht zählen, mit jedem Blick werden es mehr, weil sie verteilt sind und der Raum groß, im geheimnisvollen Licht kann ich nur ihre Silhouetten erkennen, menschlicher Geruch, der aber noch nicht zu verbraucht riecht, sondern wie der Anfang von etwas, Parfum- und Mentholgeruch, dem bereits leichter, noch frischer Schweißgeruch untergemengt ist, ein beginnender Partygeruch also, strömt in meine Nase, angenehm warm ist er und lässt die kalte Donau vergessen. Und plötzlich ist da wieder diese Stimme: „Bedauerlicherweise muss ich Sie um ein wenig Platz bitten." Der Zweimeter-Mann im grau melierten Rollkragenpullover trägt jetzt einen Edelstahl-Riesentopf behäbig zuerst an mir, dann an den anderen Gästen vorbei in die Mitte des Raumes, wo leicht erhöht eine Kochinsel zu erkennen ist, auf der sich Kochgeräte befinden, die ich noch nie gesehen habe. Der Zweimeter-Mann platziert den Edelstahl-Riesentopf auf ebendieser Kochinsel. Hinter der Kochinsel steht der Regisseur. Er hat ein Tuch um seinen Kopf gebunden, das ihn, was mich jetzt beinah unangenehm überrascht, erstaunlich gut aussehen lässt, erst als ich näher hingehe und das Licht ehrlicher wird, gleicht er wieder einem gealterten, zu aufgeschwemmten Mitte Zwanzigjährigen. Der Regisseur nimmt feierlich einen Kochlöffel und beginnt zu rühren, auch das feierlich, jede Rührrunde mit allen Sinnen genießend, staunende Partygäste um ihn herum, warum staunen sie, und während ich nicht anders kann, als auch zu staunen, schießt eine circa dreißigjährige Frau im Business Outfit energisch auf mich zu. Es ist eine Frau, die sich wahrscheinlich selbst als „um die dreißig“ bezeichnet und die sich, seit sie „um die dreißig“ ist, wundert, wo die Zeit hin ist, als sie noch die Wirtschaftsuni oder eine FH oder irgendwas anderes Nützliches besucht hat, eine Frau, die vor Kurzem – so schaut sie zumindest aus – das Social-Media-Business für sich entdeckt hat, weil der Job, den sie seit Jahren täglich ausübt, zwar eine Karriere bringt, mit Sicherheit und allem, was richtig ist, aber ihr nicht so viel gibt wie ihr eigenes Business, das strebt sie eigentlich an, ihr eigenes Business, und jetzt verkauft sie – je genauer ich sie betrachte, desto überzeugter bin ich davon – über Videos Produkte, so Pulver, die man in einen Shaker werfen muss und die man dann als Shake statt Brot zum Frühstück trinken kann, Brot sollte man sowieso meiden, vor allem wenn man beginnt, um die dreißig zu sein, Shakes, mit irgendwelchen Flocken drauf und Beeren, Shakes, in dem die wichtigsten Vitamin- und Nährstoffe drin sind und die trotzdem nach gutem Schokobrei schmecken, und dann sieht man sie, die Frau, die um die dreißig ist, in dem Video, wie sie über die Geräusche ihres Shakers in die Kamera schreit, in einem bestimmten österreichischen Dialekt, auf den ich mich gerade nicht einigen kann, aber so schreit sie in ein Live-Video hinein, dass sie jetzt nur mehr diesen Shake trinkt und nie mehr Brot isst, dass sie diesen Brei so liebt, weil sie da sündigen kann, ohne zu sündigen, und dann schleckt sie genüsslich den guten Brei von ihren Fingern und schreit, dass sie schon einen Bärenhunger hat und dass die Mägen von ihren Haustieren, den beiden Hunden, bereits gut gefüllt sind und jetzt sie dran ist, sie hat das nämlich auch verdient, so einen gut gefüllten Magen, nicht nur ihre Haustiere, die ja fast wie ihre Kinder sind, ja, echt, Hunde sollten wirklich ernster genommen werden in unserer Gesellschaft, trotzdem hat auch sie das Recht, endlich ihren Bärenhunger zu stillen, den sie hat, und ihren Magen zu füllen, nämlich mit dem Brei, dem guten, der gehört jetzt fix zu ihrer Morgenroutine, wer hätte gedacht, dass megagesund so superlecker sein kann?

Und während ich sie mir gar nicht mehr anders vorstellen kann, wirft sie ihre Haare zurück und streckt mir ein volles Glas entgegen und sagt mit einer leicht schrillen, aber trotzdem seriös klingenden Stimme und einer Sprache, die nur irgendwo aus der Obersteiermark kommen kann: „Jägerbomb? Das ist ein Jägermeister mit einem Energydrink." Und natürlich weiß ich, was das ist, ein Jägerbomb, ist ja nicht so, dass ich nie fünfzehn war, und antworte der Frau, die mir bei näherer Betrachtung irgendwie bekannt vorkommt, mit einer Selbstverständlichkeit, wie gerne ich das freundliche Angebot eines Jägerbombs annehme würde.

„Hab ich's gewusst! Hallo übrigens, ich bin die Verena."

Sie zeigt mit ihrem Finger auf mich, während ich mich frage, warum Menschen immer so ausschauen wie sie heißen, sie zeigt also auf mich, mit einem Lächeln, irgendwie verschwörerisch, als würden wir gleich beste Freundinnen werden, Angst steigt in mir hoch, was haben die alle, warum wollen sich alle mit mir verbünden, und während ich überlege, wie ich mich verhalten könnte, dass die Menschen hier merken, dass meine Anwesenheit reiner Zufall ist, mit dem ich eigentlich nichts zu tun haben will, weil ich viel lieber schon längst bei meiner Schwester wäre, die schon eher zu mir gehört, weil wir zumindest verwandt sind, fällt mir die Verena um den Hals, viel zu enthusiastisch, sie begrüßt mich mit Bussi-links-Bussi-rechts, das hat mir noch gefehlt, ich kann viel zu gut das süßlich schwere Parfum riechen, das auf ihr lastet, da hält sie inne, zeigt mit ihrem Zeigefinger, langsam gewöhne ich mich daran, erneut auf mich: „Wir kennen uns aber auch irgendwoher, oder?"

Und da fällt mir wieder ein, woher, und ich voller Selbstbewusstsein: „Ja, ich glaub, ich hab dich ..."

„Sag nix, sag nix!", die Verena ist auf einmal extrem aufgeregt und fragt mich, ob sie mich nicht bei der letzten Premiere vom Regisseur, der übrigens ein uralter Freund von ihr ist, gesehen hat. Ich verneine, was die Verena aber nicht akzeptieren will: „Bist du nicht in der Pause von *Romeo und Julia* in so einem fetzgeilen Pepita-Blazer neben mir am Champagner-Buffet gestanden?"

„Was? *Romeo und Julia*?"

„Ja, weißt eh! Das mit dem fetzgeilen Plakat: eckige Klammer auf – Romeo – eckige Klammer zu – Slash – und Julia – Rufzeichen – ohne Klammer, verstehst?"

„Äh, nein."

„Also die eckige Klammer bedeutet ..."

„Nein, ich mein: Ich war das nicht."

„Hashtag Shakespeare? Das sagt dir gar nix?" Die Verena ist fassungslos.

„Nein, du, aber ich glaub, ich hab dich", sie unterbricht mich, haut mir viel zu fest auf die Schulter und sagt viel zu laut: „Sag nix! Jetzt weiß ich's! Jetzt hab ich dich! Fix! Du bist neben mir gesessen! Bei der Uraufführung von *Die hirnlose Frau*!"

„Bitte? Wo?“

„Ja, das hat er selber geschrieben!“

„Nein, das war ich nicht!“

„Was?! Bist du leicht keine Feministin?“

„Schon. Aber.“

„Er auch!“ Sie zeigt feierlich auf den Regisseur, der im Hintergrund gerade dabei ist, einen Deckel auf dem Edelstahl-Riesentopf zu installieren.

„Okay. Aber du arbeitest bei der Raika, oder?“

„Ja, ist doch wurscht! Komm, ich stell euch einmal vor“, sie hängt sich bei mir ein, sodass ich nicht nur ihr Parfum, sondern auch ihren erregten Partyschweißgeruch, der aus ihrer Business-Bluse hervorströmt, riechen kann, sie zieht mich zur Kochinsel und räumt dabei alles und jeden aus dem Weg.

Der Regisseur hat seinen Kopf samt Tuch und Händen in dem Edelstahl-Riesentopf, er atmet mit all seinen Sinnen den Dampf ein, wirft seinen Kopf zurück, atmet mit geschlossenen Augen noch einmal geräuschvoll ein und aus, während ich mich plötzlich sagen höre: „Geiler Topf.“ Der Regisseur atmet und murmelt nebenbei und mit großer Sinnlichkeit: „Das ist kein Topf, das ist ein Autoklav.“

„Oh, na dann. Geiler Autoklav.“

Er könnte jetzt durchaus ein Gespräch mit mir beginnen, immerhin ist er der Grund, warum ich in einem fremden Keller festsitze, und immerhin ist er der Einzige, den ich da kenne, außer der Verena natürlich, die jetzt aber schon in einer neuen

Gruppe gut integriert steht mit einer Flasche Wein in der Hand, lachend, fröhlich und bei jeder Bewegung und jedem Wort einen Deut zu laut. Der Regisseur schaut mich an, warum sagt er nichts, er könnte schon etwas sagen, was einen Eintritt in ein Gespräch erleichtern würde, „Wie geht's?" oder eine andere Kleinigkeit, „Herzlich Willkommen" zum Beispiel oder „Darf ich dir etwas zu trinken anbieten?", aber der Regisseur schaut mich einfach an, mustert mich und sagt dann: „Dich kenn ich jetzt aber nicht."

Das Ganze wird langsam absehbar, und ich nuschle schnell irgendwas von Eismaschine und Donau, es kann unangenehm sein, ständig der gleichen Person erklären zu müssen, woher man sie kennt, vor allem, wenn sie diejenige ist, die einen eingeladen hat, und dann, eine Nuance zu laut: „Das Buch." Er schüttelt den Kopf, irgendwie fühlt sich hier alles an wie ein seltsames Déjà-vu, „DIE Stimme des zeitgenössischen Feminismus?", da erhellt sich aus dem Nichts sein Gesicht: „Ah! Der kleine Wassermann! Welche Freude, dass du da bist!", und mit unerwarteter, spontaner Herzlichkeit fällt er mir um den Hals, holt zu einem Bussi links aus, jetzt geht das schon wieder los, warum denkt hier niemand an mich, auch ich habe Gefühle, aber ich setze an zu einem ausgelassenen Lachen, bemühe mich um ebenbürtigen Enthusiasmus, der aber, wie sich gleich herausstellen wird, zu gut gemeint war, und so lässt mich dieser Enthusiasmus in der Hitze des Gefechts die Wangendistanz falsch einschätzen und mit zu hoher Geschwindigkeit steuert meine linke Wange auf seine linke Wange zu, und mein Wangenknochen klescht gut hörbar gegen seinen durchaus markanten Wangenknochen. Ein kurzes Schwindelgefühl überkommt mich, aber ich nehme es diskret hin, jetzt folgt Bussi rechts, der Gedanke daran versetzt mich in Panik, bitte nicht schon wieder Schmerzen, wir kennen uns doch noch gar nicht! Aber ich lache, freudig, hole wieder aus und wir kleschen erneut zusammen, nur diesmal noch heftiger, weil wir durch den vorangegangenen Unfall beide überfordert sind, beide unseren guten Willen zeigen wollen, und dadurch die zu hohe Geschwindigkeit diesmal von beiden Seiten ausgegangen ist. Ich ignoriere es diskret, aber der Regisseur schreit indiskret „Au!“ und greift sich schmerzerfüllt an seine Wange, was mich in die unangenehme Situation bringt zu denken, dass der Unfall meine Schuld war, aber gut, es hätte schlimmer ausgehen können, wir hätten zum Beispiel beide Sonnenbrillen aufhaben können, die dann aneinander hängen bleiben, auch das soll schon vorgekommen sein, und das kann noch unangenehmer sein als das Wangenknochen-Zusammenkleschen, oder, was auch unschön ist, ist, wenn man unvorbereitet umarmt wird und einem der andere seine Schulter in die Gurgel rammt, so was kann tödlich enden, und plötzlich rammt er seine Schulter in meine Gurgel, wobei ich mir diesmal gar nicht sicher bin, wer diesen Unfall jetzt schon wieder verursacht hat, wer da jetzt wem welchen Körper zu fest entgegengerammt hat, also es könnte schon auch ich gewesen sein, weil ich nicht gewusst habe, ob in dem Fall jetzt umarmen auch noch angebracht ist oder nur mehr einfaches Händeschütteln folgen hätte sollen, was mir unter diesen Umständen durchaus recht gewesen wäre, und da habe ich ihm vielleicht gleich meinen Körper zur Umarmung entgegengeworfen, weil ich gedacht habe, das macht man vielleicht so, meine Güte, ich weiß es ja auch nicht besser. Und so hänge ich jetzt mit einem Würgegefühl in seinen Armen, er lässt mich nicht los, meine pochende Gurgel liegt an seiner Schulter, aber dann lässt er los, endlich, und schaut mich so glücklich an, dass ich ihn fast noch einmal umarmen will, aber ich will natürlich kein Risiko mehr eingehen, Sicherheit geht vor.

Der Regisseur lächelt mich an, seine Hände noch auf meinen Schultern, schaut über mich drüber und lächelt glücklich in den Raum. „Ach, es ist so schön, wenn alle Freunde zusammenkommen. Wart, ich stell dir alle vor. Schau, das da ist mein Schwungradschneider.“ Und dann fragt er mich, ob ich auch einmal seinen Schwungradschneider verwenden will, es wäre ja blöd, wenn ich jetzt nichts zu tun hätte, es ist eine Kochparty, da sollen schon alle die Möglichkeit haben zu kochen, wo bleibt denn sonst der Spaß? Eine Mischung aus Respekt und Verwirrung entsteht in mir, als ich vor diesem Gerät stehe, das ich überhaupt nicht zuordnen kann – einerseits fühle ich mich, als würde ich mitten in einer Wurstabteilung stehen und meinen ersten Praktikumstag beginnen, so ratlos und aufgeregt bin ich, gleichzeitig schaut das Gerät aber mehr aus wie ein Dekoartikel, der das Innenleben eines italienischen Restaurants darstellen will, mit seiner knallroten Farbe und seinen unzähligen kleineren und größeren Rädchen. „Funktioniert der wirklich?", frage ich schmunzelnd, schmunzelnd, damit die Frage auch ein ironischer Scherz sein könnte, weil, vielleicht müsste ich mich auskennen bei roten Schwungradschneidern, die echt oder nicht echt sind, wer weiß das schon. Der Regisseur lacht laut auf, als hätte ich einen ungewöhnlich guten Witz gemacht, was mir die kurze Hoffnung beschert, dass es sich tatsächlich um einen Dekoartikel handelt, und ich nicht meine noch nie ausprobierte Schneidefähigkeit unter Beweis stellen muss, da holt er aus einem alten Kühlschrank ein beeindruckend großes Schweinebein, das sich gleich als Rohschinken entpuppen wird, und den soll ich jetzt schneiden, den Rohschinken. Mit seiner gesamten Kraft und lautem Ausatmen lässt der Regisseur das Rohschinkenbein auf die Ablage sinken. Übrigens ist das ein wertvoller Rohschinken, den hat ihm ein befreundeter Maler geschenkt, der einen exquisiten Geschmack hat, und ich darf den jetzt schneiden, den echten Malerschinken. Das ist doch eine schöne Aufgabe, oder? Nur vorsichtig soll ich bitte sein beim Schwungradschneiderbedienen und mit Gefühl soll ich es machen, weil das braucht man nämlich, ein Gefühl dafür. Ich will für mich überlegen, ob das tatsächlich eine schöne Aufgabe für mich werden könnte, aber der Regisseur hat noch viel zu sagen: Also jetzt weniger ein alltägliches Haushaltsgefühl, das er schnell einmal jemandem zutraut, nein, für seinen Schwungradschneider, übrigens billig war der nicht, braucht man mehr so ein künstlerisches Feingefühl, das werde ich dann schon merken, wenn ich erst zu schneiden begonnen habe und erst recht dann beim Essen, weil je nach Schneidefeingefühl schmeckt der Schinken anders. Und so ein künstlerisches Feingefühl, das traut er wiederum nicht allen zu, außer sich selbst natürlich, was ja logisch ist, er ist ja auch Künstler, Regisseur, ob er mir das schon erzählt hat, dass er Regisseur ist? Und sonst traut er das nur einigen wenigen zu, mir zum Beispiel, mir traut er das zu, das sagt er ganz offen, ohne mir bauchpinseln zu wollen. Er als Künstler sieht da durchaus Potenzial in mir, und das, obwohl er mich genau genommen noch gar nicht kennt, aber Potenzial erkennt er, dafür muss er einen gar nicht kennen, vor allem künstlerisches Potenzial, das erkennt er, ohne einen zu kennen, was vielleicht daran liegt, dass er Künstler ist. Während seiner Rede hat er damit begonnen, dünne Scheiben vom Rohschinken zu schneiden, und hat dabei immer gut darauf geachtet, dass ich ihm nicht nur zuhöre, sondern auch zusehe, es dürfte sich um die Einschulung handeln, ganz nervös bin ich schon und kann es gar nicht mehr erwarten, auch ein Schneiden zu probieren. Der Regisseur tritt feierlich zur Seite und deutet mir mit einer einladenden Armbewegung zu übernehmen. Ich beginne also zu drehen, es ist ein gutes Gefühl, wie aus dem dicken, fleischigen Bein sanfte, durchsichtige Scheiben werden, die durch mich entstehen. Der Regisseur nickt vorsichtig optimistisch, als er meine Schneidefähigkeiten betrachtet, und kündigt an, er wird in der Zwischenzeit seinen Autoklaven bedienen, während ich schneide, so kann er auch mein Schneiden überwachen. Nein, das war jetzt nur ein Scherz, natürlich weiß er, dass ich das ganz gut allein kann. Aber trotzdem auf das Feingefühl achten! Der Autoklav, den er jetzt bedienen wird, also das, was ich vorher so salopp Topf genannt habe, ist aber eigentlich ein Überdruckkocher, wenn wir schon unbedingt alltägliche Sprache verwenden wollen, die der Autoklav aber nicht verdient hat. Und den traut er mir noch nicht zu, den Autoklaven, weil für den Autoklaven braucht man neben dem künstlerischen Feingefühl auch physikalisches Talent und auch Wissen, was ich wahrscheinlich nicht habe und auch sonst niemand in diesem Raum, aber er schon, weil er, und das wird mich jetzt überraschen, weil das eher unüblich ist, in seiner Freizeit kein Künstler ist, nein, da trennt er ganz strikt Berufliches und Privates, nein, in seiner Freizeit, da ist er Physiker. Und ich drehe also am Schwungrad, mit Vorsicht und Ehrfurcht, natürlich will ich alles richtigmachen, manchmal ist es auch für mich schön, auserwählt zu sein von einem Fremden. Der Regisseur blickt immer wieder lächelnd von seinem Autoklaven auf, um meine Schwungradtätigkeit zu betrachten, zwischendurch zieht er leicht besorgt eine Augenbraue in die Höhe, und während er immer wieder schon seine Hände zum Eingreifen ausstreckt und dann aber doch wieder zurückzieht, murmelt er: „Ich vertrau dir. Ich vertrau dir."

Während er mehrmals murmelnd wiederholt, dass er meinen Schneidetätigkeiten vertraut, zeigt er mir, dass da auf dem Tisch, ob ich das sehen kann, die Grammelknödel liegen, die schon vorbereitet sind für den späteren Verzehr. Die sind aber nicht von ihm. Grammelknödel, das ist ja an sich schon ein lustiges Wort, oder, so ursprünglich klingt das, das mag er so daran, das Ursprüngliche, und die klingen nicht nur ursprünglich, die Grammelknödel, die riechen auch ursprünglich und als Highlight der Ursprünglichkeit sind sie von einer echten, ursprünglichen Frau hergestellt worden. Von der Gerti nämlich, auch ein ursprünglicher Name, der passt gut zu den Grammelknödeln, der Name. Die Gerti ist die vom Nebenhaus, eine richtige alte Frau mit Mantelschurz und Pantoffeln, wie man sie heutzutage leider Gottes nur mehr sehr selten sieht. Sie hat auch Hühner und ist in Pension und früher, da war sie Bedienerin, darf man das überhaupt noch sagen heutzutage: Bedienerin? Aber das war sie eben, das ist gar nicht abwertend gemeint, nein, vielmehr respektvoll ist das gemeint, früher war sie Bedienerin bei den einzigen reichen Leuten im Dorf.

Alle in der Nähe stehenden Partygäste verstummen und versammeln sich ehrfürchtig um die Kochinsel, verschiedene „Pscht"-Laute machen die Runde, während ich, die ich offensichtlich eine Sonderstellung innehabe, da ich am nächsten beim Regisseur stehen darf, weiterdrehe und der Rohschinkenhaufen immer größer und das Bein immer kleiner wird, ein Gefühl des Ehrgeizes überkommt mich, immer größer soll der Haufen werden, ich kann gar nicht mehr aufhören. Der Regisseur lehnt sich inzwischen, einem Märchenerzähler gleich, auf die Kochinsel und fährt fort: „Ärzte waren das, der Arzt, die Arztensgattin und die Arztensgattin war nicht nur Arztensgattin, sondern auch Arztenshelferin, und die fünf Kinder. Und die Gerti war über dreißig Jahre lang der gute Geist der Familie, sie hat das Haus sauber gehalten und die Kinder umsorgt und, wenn es sein hat müssen, auch die Eltern. Wenn man sie gebraucht hat, die Gerti, war sie gleich zur

Stelle, und wenn man sie nicht gebraucht hat, war sie auch gleich zur Stelle, nur bemerkt hat man sie dann nicht. Fast unsichtbar war sie da, wie ein guter Geist, weil fürchten müssen hat sich jetzt niemand vor ihr. Nie wollte die Gerti was für sich tun, ihr Leben lang war sie nur für andere da. Gerne hat sie das gemacht, hat sich nie beschwert, sondern immer gelacht dabei, aber nicht aufgesetzt, wie das andere Frauen oft tun, sondern ehrlich und direkt aus dem Herzen heraus. Deswegen hat sie heute auch so herzliche Falten um die Augen, die die Gerti schön machen, normale Frauen werden ja hässlich von Falten, aber der Gerti ihre Falten sind schön, weil sie vom Lachen kommen. Vielleicht sind sie aber auch deshalb schön, weil die Gerti im Dorf eigentlich generell nie so als Frau gegolten hat, sondern immer mehr so als guter Geist. Bei allen, nicht nur bei denen sie bedient hat. Vielleicht kommen sie, also die Falten, aber auch von den Schicksalsschlägen, den vielen, das kann jetzt niemand so genau sagen, woher die genau kommen, das macht aber nichts, die Falten sind trotzdem schön, weil die Schicksalsschläge die Gerti nie verbittert werden haben lassen, sondern immer nur noch selbstloser."

Es ist eine interessante Geschichte, die der Regisseur da über die Gerti erzählt, die aber Fragen aufwirft, zum Beispiel, woher der Regisseur so viel über das Innenleben der Gerti weiß, Fragen, die aber nicht gestellt werden können, weil der Regisseur seine Rede für eine dramatische Pause unterbricht, feierlich einen Arm zu einer ausladenden Geste erhebt und fortsetzt: „*Falten der Selbstlosigkeit* – das ist übrigens auch der Titel des Romans, den ich aktuell über die Gerti verfasse. Ich finde generell, dass es leider viel zu wenige Romane über starke Frauen gibt." Ein Nicken geht durch die Runde, ich lache laut auf bei der Vorstellung, dass ein nicht mehr wirklich junger, aber auch nicht wirklich alter, ein eher altersloser Künstler mit einem Tuch am Kopf auf vielen Seiten einer selbstlosen Frau, die Knödeln formt, huldigt und dabei genau ihre Falten beschreibt, ich finde das wirklich hochkomisch und vielleicht lache ich auch deshalb extra laut, weil ich zeigen will, dass ich die Einzige bin, die das als Witz verstanden hat, den Spiegel, den er der Gesellschaft vorhalten will, so was verstehen ja die wenigsten, und wenn es jemand versteht, dann die Richtigen, und wenn man zu den Richtigen gehört, lacht man laut, das habe ich schon öfter gesehen, im Theater, an lustigen Stellen, da gibt es oft eine Person, die lacht immer extra laut, manchmal ganz alleine, und das Publikum muss dann mitlachen, weil es sich freut, dass es zumindest eine Person im Publikum gibt, die den Humor versteht, den die anderen nicht verstehen, meistens ist die Person, die verstanden hat, eine, die auch vom Fach ist, gut, dass diesmal ich die Person bin, und das, obwohl ich nicht vom Fach bin, ich lache also in meinem wissendsten

Ton und will loslegen, „Haha, ja, und ein bisschen Vintage-Poetry könntest du noch unterbringen“, danach will ich ihm zuzwinkern, aber noch bevor ich damit beginnen kann, trifft mich eine empörte Stille, nicht nur von der Partygesellschaft, sondern auch vom Regisseur. Es ist ein strafender Blick seinerseits, der mir zeigt, einen Fehler begangen zu haben, ein Blick, den nun auch die Partygesellschaft auf mich richtet. Schweigen. Kopfschütteln des Regisseurs, Kopfschütteln der Partygesellschaft. Es dauert ein paar sehr unangenehme Sekunden, bis der Regisseur sich wieder gefasst hat, er schließt die Augen, lächelt und fährt, während ich meinen Blick lieber wieder auf das Schwungrad richte, fort: „Vielleicht liegt es aber auch an den vielen Schicksalsschlägen“ – der Regisseur lässt vom Autoklaven ab, atmet noch einmal den fleischigen Dampf ein, inhaliert ihn tief, nickt zufrieden und beginnt, ein Büschel Petersilie zu hacken – „aus dem Garten von der Gerti“ –, dabei lächelt er ätherisch. Und er hackt mit so einer Geschwindigkeit, dass er knallrot wird im Gesicht und seine Wangenadern heraustreten, was, was mich selbst überrascht, eigentlich ziemlich gut ausschaut. Und trotzdem sinniert er noch weiter über die Gerti, dass es vielleicht auch an den Schicksalsschlägen liegt, dass die Gerti alle so mögen. Oft sind die Leute mit den meisten Schicksalsschlägen ja die besten Menschen, vielleicht liegt das daran, dass das Schicksal sie so demütig werden lässt. Und auch dankbarer. Dankbar dafür, dass sie die Last des Schicksalsschlags anderen abnehmen haben dürfen. Und ich denke mir, ja, oder sie sind für gar nichts dankbar, sondern leben einfach mit dem, was ist, dankbar oder undankbar, demütig oder nicht demütig, was geht dich das an, du Erdbeereissüchtler, ich sage aber nichts, ich will nicht schon wieder einen unpassenden Fehler begehen. Es ist gut, zumindest den Schwungradschneider zu haben, er gibt mir das Gefühl, mit mir zusammenzuarbeiten. Manche Frauen sind aber anders als die Gerti, führt der Regisseur inzwischen seine Geschichte aus, das Thema scheint ihn zu beschäftigen, also andere Frauen, die lassen Schicksalsschläge nicht demütig werden, sondern nur zornig, wofür sie keine Beliebtheit verdient haben, das muss jetzt auch einmal gesagt werden, vielleicht ist die Gerti deshalb auch so besonders. Aber der Gerti ihr Leben war nicht immer hart, hört der Regisseur nicht auf, während er die gehackte Petersilie in einem stattlichen Haufen neben den Autoklaven legt. Zuerst hat sie noch Glück haben dürfen in ihrem Leben, weil sie richtig verliebt war in einen Mann, der auch in sie verliebt war, das war ja auch nicht selbstverständlich damals, und weil die Gerti schon immer gut war, auch vor den Schicksalsschlägen, war sie sehr dankbar für seine Liebe. Und gut war er auch, der Mann, ein einfacher Knecht, aber gut, und dann haben sie geheiratet. Aber schon recht bald ist die Gebärmutter kaputt geworden von der Gerti, nach vielen qualvollen Versuchen hat sie erst niemand mehr reparieren können, die Gebärmutter, sondern nur mehr rausschneiden, und später ist dann ihr Mann leider Gottes auch kaputt geworden im Futtersilo, dann war die Gerti natürlich sehr traurig, dafür war das mit der Gebärmutter kein Problem mehr. Da war die Gerti erst achtundzwanzig und hat dann auch gleich weiße Haare gekriegt, quasi als Geschenk vom Leid, und das hat die Gerti dann endlich ganz offiziell zur starken Frau gemacht, wofür sie bis heute alle recht schätzen. Es ist ein schönes Gefühl, das die Menschen für die Gerti haben: Es ist so eine Mischung aus Mitleid und Ehrfurcht, manchmal ist auch ein bisschen Ekel dabei, wegen der Trauer in der Gerti und den frühen weißen Haaren. Die haben zwar Respekt verdient, aber ganz normal sind sie nicht, da muss man schon ehrlich sein, aber der Ekel ist auch wirklich nur ganz wenig da bei den Leuten und wird von der Bewunderung sowieso verdeckt. Für die Menschen im Dorf ist es gut, dass es die Gerti gibt, weil sie im Alltag sonst gar nicht merken würden, wie viele Gefühle sie haben können. Wenn man die Gerti sieht, das würde er als Künstler jetzt so formulieren, ist es so, wie wenn man einen romantischen Film sieht: Man muss weinen wegen der schlimmen Dinge, die passieren, darf aber hoffen, dass alles gut ausgeht. Und wenn es nicht gut ausgeht, ist es halb so schlimm, weil die schlimmen Sachen passieren einem ja nicht selbst, sondern nur der Gerti. Und nachdem die Gerti die weißen Haare gekriegt hat als junge Frau, trägt der Regisseur weiter in langsamer und sonorer Stimme vor, und damit sowieso schon mehr Geist als Frau war, ist dann die Arztensfamilie aus Wien aufgetaucht auf dem Land und hat die junge Gerti in die Familie aufgenommen, was schon eine Chance war, denn so hat sie erst eine Familie haben dürfen, um die sie sich kümmern hat dürfen, und dafür hat sie noch dazu Geld gekriegt. Noch dazu kein schlechtes. Leider gibt es ja so einen Zusammenhalt wie damals heute eher selten.

Ja, das ist die Geschichte der Gerti – der Regisseur blickt seinem Publikum in der ersten Reihe nachdrücklich in die Augen, vergisst aber auch nicht, die hinteren Reihen miteinzubeziehen, indem er seine Stimme noch mehr erhebt – das ist die Geschichte von der Gerti, wie sie über die Gerti seit Jahrzehnten erzählt wird, die die Gerti aber nie erzählt und nach der man die Gerti auch nie gefragt hat, eine Dame spricht man selbstverständlich nicht auf solch persönliche Dinge an, zu schmerzhaft wäre das, dennoch ist es gut, dass wir alle diese persönlichen Dinge über die Gerti wissen und sie immer weitererzählen, es sind Dinge, die einen Denkanstoß geben sollen hinsichtlich Zusammenhalt und Egoismus, damals und heute, Stadt und

Land. Und tatsächlich denke ich mir, ja, wirklich, und da soll noch einmal jemand sagen, Frauen früher waren nur Dienerinnen und haben nicht wählen dürfen. Weil, das stimmt ja nicht, immerhin hat jede Frau wählen dürfen, wem sie dienen hat wollen: Ob zum Beispiel als Nonne dem lieben Gott oder als Ehefrau einem Ehemann oder ob sie am allerliebsten Dienerin als Bedienerin war und damit einer fremden Familie dienen wollte. Es kann aber auch sein, dass es vielleicht gar nicht das Dienen war, das die Gerti glücklich gemacht hat, sondern dass sie abgesehen vom Dienen noch ein ganz anderes Leben gehabt hat, vielleicht hat sie in der Nacht ihre kaputte Gebärmutter dazu genutzt, sich frei und voll Freude durch das Dorf zu pudern, und hat damit nicht nur anderen, sondern auch sich viel Freude geschenkt, vielleicht hat sie ja deshalb immer so gelacht, weil das niemand gewusst hat, und weil sie auch gewusst hat, dass es, selbst wenn es jemand gewusst hat, niemanden etwas angeht, vielleicht hat sie auch einfach viele Freundinnen gehabt und mit denen gepudert, oder auch nicht, vielleicht hat sie einfach nur ein gutes Leben gehabt. Es gefällt mir, mir die Gerti so vorzustellen, da fällt mir die Nachbarsfrau aus meiner Kindheit ein, die auch Pantoffeln getragen hat, die mir und meiner Schwester oft Zitronenschnitten geschenkt hat. Damals hat meine Schwester noch mit mir geredet, das weiß ich genau, weil sie auch meine Schnitten haben wollte, die ich ihr aber nicht gegeben habe, die ich mir stattdessen vor ihr alle zusammen in den Mund gestopft habe, die sie mir wieder aus dem Mund reißen wollte und die mir vor ihr wieder aus dem Mund gefallen, ja, getropft sind, was sie furchtbar wütend gemacht hat, was mir wiederum sehr gut gefallen hat. Will aber lieber wieder aufhören mit dem Denken und vom guten Rohschinken kosten, von dem sich in der Zwischenzeit ein ordentlicher Berg neben dem Schwungradschneider gebildet hat, aber ich traue mich nicht, weil ich nicht weiß, ob das der richtige Zeitpunkt ist, um einfach zu kosten, und grabe fürs Erste richtig tief und fest meine Hand in den Schinkenhaufen. Gut fühlt sich das an, kühl und weich. Und nehme die Hand wieder raus, tätschle den Haufen, damit er wieder eine Form annimmt, und atme tief in meine Hand, die jetzt den fleischigen Geruch angenommen hat.

Der Regisseur muss noch etwas sagen und steckt dabei seinen Kopf in ein Backrohr, weil da anscheinend Süßkartoffeln der besonderen Art brutzeln. Also er will sagen, das mag er so an seiner Party, darauf wollte er eigentlich hinaus, mit seiner Geschichte, dass die einfachen, ursprünglichen Grammelknödel von der einfachen, ursprünglichen Bedienerin ohne Gebärmutter hier gleichwertig neben seiner kulinarischen Kunst existieren dürfen. „Weil wir in der Kunst, wir reden zwar immer so viel vom einfachen Volk, aber kennen tun wir es ja nicht. Und darum sehe ich meine Kochevents in meinem Haus auf dem Lande als echte Chance, ein bisschen die Menschen zu verbinden."

Alle Partygäste applaudieren und beschäftigen sich wieder selbstbestimmt. Ich applaudiere auch, ausdauernd und mit Freude, aber hoffentlich nicht zu laut, ich will ja nicht zum zweiten Mal unangenehm auffallen.

Am Anfang dieser Party hätte ich nie vermutet, da irgendwie dazugehören zu wollen, aber es kann auch eine Erfahrung sein, neue Seiten von sich kennenzulernen, selbst wenn es Seiten sind, die man nicht von sich kennenlernen wollte, diese Erfahrung kann eine wichtige sein, eine konfrontative, eine Chance sogar, das weiß ich, das habe ich in einem Buch gelesen, in dem es um Selbstliebe gegangen ist. Das Buch ist in einem Klo gelegen, in welchem, weiß ich nicht mehr, was in dem Moment aber auch völlig unwichtig ist, weil der Regisseur sich wieder mir zuwendet, er geht dabei auf die Verena zu, die mit einem Jägerbomb in der Hand in einem von Mäusen angebissenen Biedermeier-Sessel hängt und über einen Witz lacht, den ich leider nicht hören habe können, der Regisseur stützt sich auf den Schultern der Verena ab, beginnt sie so ansatzweise zu massieren und scherzt in meine Richtung: „Die Verena zum Beispiel – sie ist das einfache Volk." Die Verena lacht so laut, dass ich mir eine Hand auf ein Ohr legen muss, sie nimmt den Regisseur an den Handgelenken: „Geh, du immer und dein sticheliger Humor, komm her!“, und zieht ihn an sich und die beiden geben sich ausgiebig Bussi links und Bussi rechts und auf die Lippen und wieder links und rechts, und das mehrmals, offenbar oft geübte Gesten, die sie mit engen Umarmungen untermalen. Nach getaner Liebkosung behält die Verena die Hände vom Regisseur in ihren Händen, sie ist ja so froh, dass sie es hergeschafft hat heute zur Party, sie war ja so busy in letzter Zeit – Lebenspartner, Hund, Haus einrichten, Fitness, wir verstehen schon, oder? – und vor allem seit sie fix in der Rechtsabteilung arbeitet, geht's bei ihr sowieso drunter und drüber. Die Verena wendet sich zu mir: „Weißt, ich bin bei der Raika tätig. Ah! Daher kenn ich dich! Du warst ja gestern bei uns in der Filiale und hast Geld abgehoben! Du warst die, die gesagt hat, dass der Bankomat nicht funktioniert, der aber in Wirklichkeit schon funktioniert hat, du hast nur die falsche Karte reingesteckt, haha, das haben alle mitgekriegt, das ganze Team. Aber hey, das passiert öfter, du, ist völlig wurscht, echt, muss dir gar nicht peinlich sein!“ Und ich will das Gespräch wieder auf das Wesentliche lenken: „Ja, ich wollt vorher die ganze Zeit sagen, dass wir uns daher ...“

„Ist doch wurscht“, die Verena winkt mich mit etwas zu großer Handgeste ab, macht dem Regisseur, der kurz einen prüfenden Blick auf seinen Autoklaven geworfen hat, aber sich jetzt mit einem Grappa niederlassen möchte, auf ihrem Biedermeier-Sessel Platz, er setzt sich, sie sich auf seinen Schoß, sie stoßen an, stürzen ihre Stamperln runter, die Verena schaut sich genussvoll im Partykeller um und: „Der alte abgeranzte Partykeller. Ach, da werden Erinnerungen wach!“ Der Regisseur und die Verena umarmen sich noch einmal lachend, und die Verena: „Mah, ich mag das! Dieses Abgefuckte, das ist so charming, das ist so richtig auf Künstler! Aber für meinen Alltag wär das nix, ich bleib lieber bei meiner XXXLutz-Wohnlandschaft – ja, schuldig – ich liebe meine Glasvitrinen, ist so!“

Der Regisseur beginnt, die Schultern der Verena zu massieren, was sie mit einem frei aus ihr herausgehenden Stöhnen goutiert, und der Regisseur: „Du, wo hast du eigentlich den Martin gelassen?“ „Du, den Martin“, der Martin ist übrigens ihr Lebensgefährte, erklärt sie mir, „den hab ich jetzt ins Diät-Camp gesteckt.“ Und dann erklärt sie, die Massage des Regisseurs ausgiebig genießend, dass das natürlich nur ein Scherz war, natürlich kein Diät-Camp, der Martin ist nämlich auf Jungsurlaub, Schladming draußen, über das verlängerte Wochenende, Klettern mit seinen Jungs. „Nein, kein Diät-Camp, gibt’s so was überhaupt?“ Aber schaden würde es ihm nicht, dem Martin, tuschelt sie dem Regisseur halblaut in sein Ohr hinein, was ich natürlich hören kann, auch die Verena erinnert sich wieder an meine Anwesenheit und nimmt jetzt auch mich viel zu fest an beiden Händen: „Um Gottes Willen! Sorry! Du kennst mich noch gar nicht und ich überforder dich gleich total mit meinem sarkastischen Humor. Sorry! Ich bin einfach so dieser Typ, ich tu einfach irrsinnig gern satirisch überhöhen." Ich würde mich freuen, wenn sie mich wieder loslassen würde, aber sie hat anscheinend schon vergessen, dass sie meine Hände überhaupt in ihren hat. Ich versuche, diskret meine Hände aus ihren zu ziehen, was die Verena aber mit einem Zusammendrücken ihrer Hände zu verhindern weiß, ob sie mich je wieder loslassen wird? Sie wendet sich von mir ab und dem Regisseur zu: „Na, du, aber der Martin, der ist so aufgegangen in letzter Zeit, ein Wahnsinn, wie ein Germteig!" Und dann wieder zu mir, dass sie sich jetzt vor Kurzem einmal in einem nostalgischen Moment, ja, manchmal, da wird auch sie nostalgisch, und in diesen nostalgischen Momenten erinnert sie sich zurück an die Schulzeit, damals im BORG, meine Güte, das war so eine crazy Zeit, so lange ist das schon her, sie ist ja auch nicht mehr die Jüngste, aber was sie aufgeführt hat damals in Eisenerz, nein, sie waren echt arg drauf damals! Aber hey, alles gut ausgegangen, oder? Aber sie war damals schon durchgeknallt, fast asozial, haha, aber zum Glück ist sie nicht aus so einem echten asozialen Haus gekommen wie die anderen aus ihrer Klasse, bist du wahnsinnig, das waren vielleicht

Proleten, aber einige schon liebenswert, aber wer hätte sich damals gedacht, dass die Verena mit dem megaschlechten Zeugnis einmal in einer echten Stadt leben und in der Rechtsabteilung einer traditionsreichen Bank arbeiten wird dürfen, das ist schon ein Wahnsinn, oder? Auf jeden Fall hat sich die Verena in diesem nostalgischen Moment wieder einmal alte Fotos angeschaut von damals, und der Martin, darauf wollte sie eigentlich hinaus, bist du wahnsinnig, der war damals echt eine geile Sau! „Echt jetzt! Mit dem wollten alle saugen, und der hat auch mit allen gsaugt, aber ich hab ihn kriegt!" Ja, und dann hat sie ihn nicht mehr hergegeben. Endlich lässt die Verena meine Hände, die schon ganz nass sind, los, um ihr Gesagtes durch Gesten zu untermalen: „Du, ich war jetzt nie so dieser Mauerblümchen-Typ, ich war schon immer mehr so der Typ, von dem quasi seit jeher die Lebensphilosophie ist: Wenn du was willst, dann räum alle Hindernisse aus dem Weg, dann kannst du alles haben, und wenn nicht, dann bist du selber schuld. Ja, da kann nicht ein jeder damit, und das ist meines Erachtens super, superlegitim."

Die Verena stützt jetzt ihren Kopf in ihre Hände, sodass nur mehr ihre Haare zu sehen sind, und sagt zum Regisseur: „Na, du aber der Martin. Ich weiß auch nicht, was da los ist – dieses Aufgeschwemmte –, weil der Typ war er eigentlich nie, ich mein, mein Martin, der ist ein Surfer! Ich hab in letzter

Zeit irrsinnig viel darüber nachgedacht, also nur für mich jetzt, individuell quasi hab ich das aus tiefenpsychologischer Sicht gesellschaftskritisch beleuchtet, und da hab ich mir gedacht, vielleicht ist das, wenn du Sozialarbeiter bist – was mein Martin ist, und dafür liebe ich ihn bitte, für seine warme, herzliche Art –, aber ich denk mir, wenn du so was professionell machst, also wenn du ständig mit solchen ... na ja, mit solchen Leuten halt ...", und dann ganz leise und geheimnisvoll zum Regisseur und auch zu mir – es ist schön, bei etwas Geflüstertem auch einmal mitgemeint zu sein – „also mit solchen ... Arbeitslosen, von denen die meisten im Grunde, sind wir uns ehrlich, nicht arbeiten WOLLEN, zusammenarbeiten MUSST, vielleicht wird man dann selber so?"

Da erstarrt der Blick der Verena, und sie, völlig geschockt, zu mir: „Oh Gott, du bist aber eh nicht arbeitslos, oder? Scheiße, da sind ja lauter Künstler, da herinnen", und dann, versuchend den Partylärm zu übertönen, als müsste sie eine offizielle Mitteilung an alle machen: „Hey, ich bin mir superbewusst: Man kann natürlich nicht alle über einen Kamm scheren, ich find das superlegitim, wenn jemand einen prekären Beruf wählt – aber davon, sorry, aber davon steht nachher auch kein Haus da." Und die Verena findet, wenn man sich für so einen prekären Beruf entscheidet, muss man eben damit rechnen, dass man nachher höchstwahrscheinlich beim Mäci arbeiten muss! Da ist gar nichts Schlechtes dabei, jeder hat einmal klein angefangen, das ist außerdem ein hochanständiger Beruf, und überhaupt würde sie es begrüßen, wenn beim Mäci mehr höher qualifizierte Arbeitskräfte arbeiten würden, manchmal, wenn sie durch den Drive-in fährt, übrigens nur in völligen Ausnahmesituationen, sie ist eigentlich total gegen Mäci, die armen Arbeitskräfte, die werden ja echt ausgebeutet und Nährstoffe sind auch keine in diesem Essen, das ist ja nur Chemie, aber manchmal, gerade nach Nächten, in denen sie zu tief in das eine oder andere Glaserl Prosecco geschaut hat, ist so ein Mäci echt geil, aber niemandem erzählen, nein, Scherz, auf jeden Fall, wenn sie dann durch den Drive-in fährt mit ihrem Mini, versteht sie manchmal kein Wort von dem, was jemand in Verena ihrer eigenen Muttersprache aus dem Lautsprecher herausfragt, nein, so schlimm ist es jetzt auch wieder nicht, sorry, sie redet manchmal so bildhaft, auf jeden Fall, könnte ein unterbeschäftigter Künstler sicher ein bisschen geistiges Niveau hineinbringen in den Mäci und ein bisschen sprachliche Verständlichkeit und sich seine Exzentrik so auch gleich verdienen, ja, Entschuldigung, man muss sich alles verdienen, that's life! Die Verena ist bitte zu ihrer, okay, ja, nicht so schlechten Stelle bei der Raika auch nur gekommen durch harte, harte Arbeit auf der einen Seite – ein Jusstudium studiert sich nicht von selber – und auf der anderen Seite, genauso wichtig: weil sie zur richtigen Zeit am richtigen Ort mit den richtigen Leuten geredet hat.

Mit einem Mal wird der Redeschwall der Verena unterbrochen, weil aus den Boxen, aus denen bis dahin sanfte elektronische Untermalung geklungen ist, in ohrenbetäubender Lautstärke „Komm, hol das Lasso raus“ ertönt, lautes Gejohle bricht aus, und die Verena: „Oh mein Gott, oh mein Gott, voll der Nostalgie-Flash! Kommts, wir tanzen!“ Sie springt vom Regisseuren-Schoß auf, zieht den Regisseur auf die Tanzfläche und reiht sich in eine Gruppe Menschen ein, die jetzt einer Choreografie nachgehen, bei der Pferdegetrappel und Lassoschwingen imitiert und die Hüften nach links und rechts gekippt werden und bei der zwischendurch archaische Urlaute aus den Tanzenden kommen, alle tanzen synchron und werden von Lauten durchdrungen, allen voran die Verena, nur der Regisseur kommt nicht ganz mit, holprig, knöchern versucht er das Luftlasso zu schwingen und beschämt die Hüfte zu kippen, was er aber sogleich wieder aufgibt, er lässt sich resigniert zurück in den Sessel fallen, offenbar leicht enttäuscht von seiner eigenen körperlichen Unzulänglichkeit, und der, als er vermutet, jemand könnte seine Enttäuschung beobachten, sofort konzentriert in die tanzende Gruppe blickt, prüfend, fachkundig lächelt und mir zuruft: „Göttlich! Diese rustikale Ironie“, was mich in die schwierige Situation bringt, meine zuhörende Aufmerksamkeit gerecht aufzuteilen, weil auch die Verena während des Gruppentanzes nicht vergessen hat, was sie eigentlich sagen wollte, und so ihr Gesagtes ganz nebenbei in ihren Tanz einpflegt und mir zuruft, dass sie das auch dem Martin immer sagt, dass es eben genau darum geht: zur richtigen Zeit am richtigen Ort zu sein. Mein Kopf dreht sich wie von selbst einmal zum Regisseur, dann zur Verena und zurück, ein leichtes Schwindelgefühl überkommt mich, auf jeden Fall findet die Verena, kaum zu überhören und schon etwas außer Atem: „Ich mein, wenn ich wo eingeladen bin, keine Ahnung, auf einer Weinverkostung zum Beispiel, kann ich nicht daherkommen wie der allerletzte fette Bauer! Scheiße ausschauen, einen Scheiß studiert haben, von dem kein Mensch eine Ahnung hat, was das überhaupt sein soll, und mir dann auch noch zu fein sein, um ein bisserl charmant, na, jetzt nicht billig, sondern einfach nett charmant zu sein zu den älteren Herrschaften, die einem vielleicht was bringen könnten!“ All das schreit sie mir zu, während sie, so als wäre es die herkömmlichste Nebenbeschäftigung, ihren Lasso-Tanz verrichtet, um ihn, als das Lied nach einer ungewöhnlich langen Zeit endlich zu Ende ist und die Playlist wieder in die dem Anlass entsprechende Elektronik übergeht und sich die anderen Gäste, die am Tanz teilgenommen haben, wieder leicht im Takt wippend ihrer jeweiligen

Essenszubereitung widmen, abzubrechen und völlig außer Atem festzustellen: „Wahnsinn, das ist ein Scheißlied. Wer schreibt so was?"

Sie setzt sich diesmal auf die Lehne des Biedermeier-Sessels und lässt sich vom Regisseur, der noch immer recht hölzern dasitzt, mit viel Genuss den Rücken kratzen, und zu mir: „Entschuldige, jetzt hast du gleich am Anfang meinen bitterbösen, scharfzüngigen Humor kennengelernt. Ich habs dir vorher eh schon gesagt, ich bin so dieser Typ, ich mag diesen darken black humor einfach, bei dem einem quasi das Lachen im Halse stecken bleibt. Da kann nicht ein jeder damit, nicht ein jeder versteht Ironie, und das ist meines Erachtens superlegitim. Aber eines sag ich dir: Es wird noch schlimmer, wenn ich was getrunken hab." Und sie ruft ziellos in den Raum: „Habts ihr eigentlich noch was anderes zu trinken da? Einen Cider oder einen Frizzante oder irgend so was?", sie springt auf und drängt sich zielstrebig Richtung Getränkekühlschrank.

Der Regisseur sitzt mir gegenüber, wir beide jeweils in einem alten Biedermeier-Sessel. Der Regisseur überwacht prüfend das Geschehen, lässt seinen Blick zu seinem Autoklaven, dann über alle Gäste schweifen, er lächelt zufrieden und ich habe ein Gefühl der Verpflichtung in mir, auch einmal etwas zu sagen. „Hast du wirklich ein Stück geschrieben, das *Die hirnlose Frau heißt*?", höre ich mich plötzlich fragen, eine gute Frage für einen Gesprächseinstieg, also nicht, dass ich die Antwort unbedingt hören wollen würde, aber ein Gespräch fände im Falle einer gegebenen Antwort statt, was der Normalität der Situation durchaus entsprechen würde. Ich schaue den Regisseur an, gespannt, der Regisseur schaut mich an, länger, dann wieder in den Raum, er kratzt sich unter seinem Kopftuch, lächelt, ja zwinkert mir sogar zu, ich erwartungsvoll wartend, er wippt im Takt, aber diskret zur Musik, und bevor es endlos wird, stellt sich mir die Frage, ob der Regisseur mich am Ende gar nicht gehört hat und somit gar nicht weiß, dass er auf eine Frage antworten soll. Unbehagen steigt in mir auf, soll ich die Frage noch einmal stellen? Und als ich erneut, aber lauter ansetze: „Hast du echt …“, stützt der Regisseur seinen betuchten Kopf in eine Hand und wehrt mit der anderen die störende Wiederholung ab, ohne mich anzuschauen: „Ja, ja, ich hab dich schon gehört, spannende Frage, die du da stellst. *Die hirnlose Frau* – dieser Titel … dieser Titel spielt ganz bewusst mit dem Ekel. Aber auch mit der Faszination. Dieser Titel stößt ab und zieht an, gleichermaßen.“

Der Regisseur steht auf und geht auf den Petersilienhaufen zu, den er vorher geschnitten hat, öffnet den Autoklaven, aus dem lauter Dampf stößt, wirft den Petersilienhaufen hinein, rührt intensiv, atmet lustvoll ein, schmeckt schmatzend und diverse Gewürze hinzufügend ab und sinniert dabei: „Sophokles hat bereits 400 vor Christus in seinem Drama *König Ödipus* das Widerwärtige benutzt, um ..."

„Aber ich find das jetzt nicht okay, dass in deinen Stücken alle Frauenrollen immer nur von Männern gespielt werden!" Die Verena hat in der Zwischenzeit zwei Flaschen Frizzante organisiert, von denen eine schon fast wieder leer ist. Sie nimmt den Sessel, von dem sich der Regisseur in Richtung Autoklaven entfernt hat, rückt ihn neben meinen, viel zu nah, nimmt einen kräftigen Schluck aus dem Plastikbecher, den sie in der einen Hand hat, und beginnt mit der vollen Flasche Frizzante in der anderen Hand zu gestikulieren und mir, die Musik übertönend, ins Ohr zu schreien: „Also ich hab sein Stück ja gesehen, weißt? Ich war bei der Premiere, wir sind ja uralte Freunde, auf jeden Fall war ich bei der Premiere", die Verena erhebt vorwurfsvoll ihre Stimme und wendet sich, während sie sich Frizzante nachschenkt, dem Regisseur zu: „Du, und ich mein, wenn ein Stück heißt *Die hirnlose Frau*, will ich da aber auch Frauen sehen!" Das ist ihre Meinung und zu der steht sie, wenn er das anders sieht, ist das natürlich total legitim, aber sie steht voll und ganz zu ihrer Meinung, da fahrt der Zug drüber. Der Regisseur, der aufmerksam zugehört und dabei immer wieder, „mhm. Du Verena, völlig klar" und „okay, got it" genuschelt hat, fängt an, sich mit einem Zahnstocher ein Stück der Petersilie, von der er vorher während seines eifrigen Hackens ein wenig genascht hat, aus den Zahnzwischenräumen zu schälen. Er muss jetzt echt einhaken, er schüttelt mit geschlossenen Augen und Zahnstocher im Mund seinen Kopf und sagt, „Verena, Verena", und erklärt ihr, dass das bei ihm eine ganz bewusste Entscheidung ist, so gut wird sie ihn nach all den Jahren wohl kennen, es ist bei ihm eine ganz bewusste Entscheidung, dass er alle Frauenrollen immer nur mit Männern besetzt. „Weil Verena", dann wendet er sich auf einmal mir zu und meint, dass dieses Thema auch für mich ganz interessant sein könnte, bevor er sich wieder zur Verena dreht und fortfährt, dass es hier um unbewusste Mechanismen geht, ob sie, die Verena, versteht, was das bedeutet. Und die Petersilie aktiv aus dem Zahnzwischenraum, der recht eng zu sein scheint, stochernd sagt er, dass, wenn eine Frau eine Bühne betritt, sie, also die Frau, sich ja schon automatisch prostituiert. „Das ist doch wohl logisch, oder?"

Fordernder Blick seitens des Regisseurs, schweigen seitens der Verena, die lieber einen Schluck vom Frizzante nimmt, schweigen auch meinerseits, die ich aktiv nach der Logik zu suchen versuche, bevor ich aber fertig gesucht habe, wird der Regisseur bereits ungeduldig, dass das bitte schon logisch ist: Frauenarsch und Titten haben eine eindeutige Signalwirkung, also auf Männer zumindest, aber auch auf Frauen, die ja gelernt haben, durch Männeraugen zu sehen, und bei dem Wort „Frauen“ zeigt er aus irgendeinem Grund auf mich. Ich will einhaken, aber der Regisseur wehrt mich mit nur einer Handbewegung ab: „Moment bitte, da kommen jetzt zwei Aspekte ins Spiel, Momenterl bitte, bitte lass mich ausreden, ja?“ Zum einen, und ich soll jetzt gut zuhören, denn das ist ein hochkomplexes Thema, wenn nicht sogar diffizil, nicht einfach zu verstehen, das war es anfangs selbst für ihn, der er Künstler sowie Regisseur ist, nicht, aber er ist bereit, den komplexen Sachverhalt für uns in einfachen Worten aufzubereiten. Nun, also zum einen lenkt das, also Frauenarsch und Titten, von seiner Inszenierung ab, was doch logisch ist, oder, wenn alle nur ans Pudern denken, wo bleibt denn da die Kunst? „Und zweitens“, der Regisseur nimmt seinen Finger aus dem Mund, den er in der Zwischenzeit gegen den Zahnstocher ausgetauscht hat, weil der nämlich abgebrochen ist, lutscht kurz und erstaunlich nebenbei an seinem Finger und schnalzt mit der Zunge, was ihn recht professionell wirken lässt, „und zweitens, das ist viel wichtiger: Ich schütze mit dieser Entscheidung Frauen! Die Zurschaustellung von Frauen auf Bühnen lehne ich ab.“

Er erhebt seinen Finger, an dem ich jetzt sehr gut die vorhin von ihm gesuchte Petersilie erkennen kann, vielleicht ist es aber auch was anderes, was von gestern oder vorgestern, Spinat oder so, es könnte aber auch Polenta mit was vermischt sein, weil es irgendwie körnig ausschaut. Wenn er bitte noch einmal an seinem Finger lutschen würde, der Regisseur macht es aber nicht, und somit muss ich weiter auf sein von ihm wiedergefundenes Essen starren. Er bietet mir ein kleines Beispiel an, ein kleines Gedankenexperiment, also die Verena und auch ich, also wir sollen uns einmal vorstellen, jemand stellt eine Frau in einem Bärenkostüm auf die Bühne – der Regisseur schaut die Verena an, die seinem Blick nach zu urteilen verstehen sollte, aber ihrem Blick nach zu urteilen nicht versteht, sie hat ihre Beine über die Sesselarmlehne gelegt, hält ihren leeren Becher Frizzante fest in beiden Händen und schaut wortlos auf den Regisseur, der fortsetzt, „oder lass es einen Elch sein oder ein Gnu“, er wendet seinen erwartungsvollen Blick mir zu, ich weiß aber erst recht nicht, worauf das jetzt hinauslaufen soll, lasse meinen Blick unauffällig zur Seite schweifen, und der Regisseur, enttäuscht über die Profanität seiner Zuhörerinnen: „Ja, meine Lieben, da fragt sich jeder – und jede –, wie schaut die drunter aus? Darum schütze ich meine Frauen und lasse sie gleich gar nicht auf die Bühne.“ Ob sie das versteht, die Verena, und ob ich das jetzt auch verstehe, dass das nichts ist, was ihm einfach so passiert, nein, man könnte neben dem Frauenschutz sogar noch weitergehen im bewussten Symbolgedanken, denn er, der Regisseur, möchte mit dieser überhöhten Geste auf Asymmetrien in unserer Gesellschaft hinweisen, so schwer ist das wohl wirklich nicht zu verstehen, das werden also sogar wir beiden einfachen Bürgerinnen verstehen können, diesen einfachen Gedanken, oder?, fragt er, mit der bedrohlichen Petersilie am Finger. Und langsam, aber stetig wird er ganz rot im Gesicht, und es ist dabei schwer zu erkennen, ob er zornig ist oder einfach nur leidenschaftlich. Er fragt, wie jetzt jemand auf die Idee kommen kann, dass ihm etwas einfach so passiert, aus Fahrlässigkeit vielleicht auch noch, wie so einem triebgesteuerten Normalsterblichen. Er ist ja keine Bauarbeiterfrau, die vergessen hat, Bier für ihren Bauarbeitermann zu kaufen und damit irgendeine Bauarbeiterehre beleidigt, ja wirklich, wie kommt jemand dazu, ihm eine primitive Bauarbeiterfahrlässigkeit zu unterstellen und damit seine bewusst gesetzte Symbolgeste als schnöden Fauxpas abzuwerten, in der Kunst gibt es keine Unbewusstheiten, die gibt es vielleicht beim Bauarbeiten oder beim Biersaufen, aber sicher nicht in der Kunst und wenn, dann ganz sicher nicht in seiner, wenn dann in einer besoffenen Hobbybauarbeiterkunst, die sind vielleicht primitive Sexisten, diese perversen Normalen, aber nicht er, der Regisseur.

Dass in seiner Kunst keine Frauen zu sehen sind, ist eine bewusste Entscheidung und ein zutiefst feministischer Akt! Er schüttet sich noch einen Grappa runter, gestikuliert immer wilder, trifft mit seinem Finger beinah meinen liebevoll schwungradgeschnittenen Rohschinken, fährt sich durch die Haare, sodass sein Tuch verrutscht, das er wutentbrannt in eine Ecke schleudert. Aber gut, das gibt er zu: Das war gar nicht seine Erfindung! Nein, holt er nun zu einem theatergeschichtlichen Exkurs aus, nein, Shakespeare hat bereits alle seine Frauenrollen von Männern spielen lassen, aber dann sind, wie das eben oft so ist in dieser unreflektierten patriarchalen Männergesellschaft, die der Regisseur in seinen Worten als toxisch bezeichnen würde, ist ja heute nichts anderes, nicht wahr, also dann sind da, beim Shakespeare, ein paar Männer im Publikum gesessen, denen war fad, die haben sich gedacht, das brauch ich mir nicht vorstellen, wie die drunter ausschaut, einen Pimmel hab ich selber, und DIESE perverse Männergesellschaft, und das ist das Perfide daran, mahnt der Regisseur, hat es dann als Befreiung der Frau verkauft, dass die Frau auf die Bühne darf, und die Frauen haben das in ihrer, nun, sagen wir Gutgläubigkeit als Gleichstellungsmerkmal akzeptiert, wobei sicher die Frauenbewegung – die der Regisseur bitte hochschätzt! – hier einen Fehler gemacht hat. Und bevor ich oder die Verena etwas dazu sagen können, inhaliert der Regisseur die gute Partyluft und setzt selbstkritisch nach: „Aber vielleicht habe auch ich einen Fehler gemacht."

Die Verena setzt einen mitleidigen Blick auf, indem sie ihre Unterlippe vorschiebt, ihren Kopf neigt und den Regisseur mit einem „Oooh“ an der Hand nehmen will, und auch ich bin überrascht von seiner plötzlich eintretenden Selbstreflexion und schon sehr gespannt, welchen Fehler er denn meint begangen zu haben, ob es denn sein könnte, dass er im Nachhinein doch denkt, dass er echte Frauen in die Arbeit miteinbeziehen hätte können, da wehrt der Regisseur, noch immer alleine in seinen Gedanken, die Hand der Verena ab und sagt mit sehr leiser, aber umso bedeutungsvollerer Stimme: „Ich habe in meinem Stück ein Frauenthema zu einem richtigen THEMA erhoben. Aus Liebe. Nicht zu mir selbst, nein, aus Liebe zu anderen.“ Ich kann ihm nicht ganz folgen und weiß nicht, ob das an dem liegt, was er sagt, oder an der Petersilie, die beim „feministischen Akt“ von seinem Finger auf das Holzbrett geschnepft ist und jetzt direkt neben meinem liebevoll schwungradgeschnittenen Rohschinken liegt. Während es für mich schwierig ist, die Petersilie aus den Augen zu lassen, schrillt die Verena auf einmal voller Freude: „Aus Liebe zu wem?“, sie ist megabegeistert von seinem Mut, zu seinen Gefühlen zu stehen, die Verena liebt sensible Männer, sie ist da irgendwie anders, sie weiß auch nicht, warum, und nachdem der Regisseur nicht antwortet, es ist interessant, bei ihm weiß man nie, ob er nichts hört oder nur denkt, frage ich: „Ja, aus Liebe zu wem?“ Eines muss man ihm lassen, dem Regisseur, wenn er etwas kann, dann ist es, eine Spannung aufzubauen, gebannt warten wir auf seine Antwort, blicken ihn an, aber noch bevor er antworten kann, mischt sich ein Typ mit dichtem Haar und Nickelbrille ein, der schräg neben mir in sicherem Abstand knusprige Wasabi-Nüsse einnimmt. Er hat im Vorbeigehen aufmerksam lächelnd den Ausführungen gelauscht, ist immer langsamer gegangen und steht jetzt da, aber mit einer Körperhaltung, als würde er gleich wieder weitergehen, und schaut knuspernd auf uns. Es ist schön, „uns" zu sagen, es gibt mir das Gefühl, Teil einer Gruppe zu sein, die etwas gemeinsam hat, die etwas über etwas weiß, was andere auch gerne wissen würden, egal, der Typ möchte – Entschuldigung, dass er sich einmischt – nur zum Regisseur sagen, dass er das Wort „Frauenthema" aufgeschnappt hat und zu bedenken geben möchte, also als kleinen Denkanstoß, dass er dem Wort „Frauenthema" kritisch gegenübersteht, weil, wie definiert der Regisseur „Frauenthema", er findet es nämlich höchstproblematisch, Themen wie Vereinbarkeit von Familie und Beruf, Pflege etc. als „Frauenthema" zu bezeichnen, das macht sprachlich etwas auf, was keiner Realität mehr entspricht, er zum Beispiel ist aktuell in Karenz und fühlt sich somit in dieser Debatte als Mann, der er offensichtlich ist, nicht mit angesprochen, nur so als kleiner Denkanstoß wie gesagt. Er winkt dem Regisseur entschuldigend, bietet mir noch eine Handvoll Wasabi-Nüsse an, die ich mit

Freude annehme, wenn es schon nicht angebracht ist, vom guten Rohschinken zu essen, dann möchte ich zumindest hiervon naschen, und verschwindet in der Menge.

Die Verena hat irrsinnig gut zugehört, sie ist ein total offener Mensch, sie liebt es, neue Gedanken zu hören, sie saugt neue Gedanken echt auf wie ein Schwamm, vor allem, wenn sie von jemandem kommen mit so einem andersartigen Lebensentwurf, sie trinkt noch ein Stamperl mit etwas Undefinierbarem und überlegt, ob der Typ mit dichtem Haar und Nickelbrille nicht irgendwie recht hat? Überhaupt ist die Verena megabegeistert von dem lieben Typen mit der süßen Brille, der sich freiwillig um seine eigenen Kinder kümmert, sie hofft, seine Frau weiß zu schätzen, was sie an ihm hat.

„Verena, Verena", den Regisseur interessieren die Ausführungen der Verena über Männer nicht, die es sich aufgrund ihres banalen Berufs leisten können, in Karenz zu gehen, den Luxus hat nicht jeder, und muss sie an dieser Stelle unterbrechen, während ich mich doch wundere, dass er sein Petersilienstück nicht vermisst. Der Regisseur muss sagen, dass er es eigentlich eine Zumutung findet, anhand von aus dem Kontext gerissenen Gesprächsfetzen zu urteilen, was der Regisseur mit „Frauenthema" meint. Leider ist der Typ mit dichtem Haar und Nickelbrille, der übrigens ein guter Bekannter und an sich ein sehr, sehr schlauer Mensch ist, jetzt schon wieder weg, aber so ist das leider in der heutigen Zeit, die Menschen geben ihren Senf zu etwas, wovon sie keine Ahnung haben, und beschäftigen sich dann nicht eingehender damit. Egal, dann muss der Regisseur eben uns erklären, worum es ihm gegangen ist, und das ist jetzt wichtig, also gut zuhören, ja? Also er muss sagen, dass es zwar nicht seine Aufgabe ist, seine Kunst zu erklären oder gar zu rechtfertigen, aber bitte: Also mit „Frauenthema" bringt er selbstverständlich nicht seichte Themen wie Kindererziehung oder Pflege oder was es da sonst noch gibt auf die Bühne, also das maßt er sich wirklich nicht an, das überlässt er lieber den wahren Expertinnen, den Heldinnen des Alltags, die schon seit Generationen in diese Alltagsrolle hineingeboren werden, es gibt ja auch RegisseurINNEN, denen er den Vortritt lässt, die sich mit solchen Alltagsthemen beschäftigen sollen, wer ist er denn, natürliche Ordnungen zu stören, ja, wir merken schon, er macht gerne einen oder gar zwei Schritte zurück, wenn er weiß, dass es sich wo nicht um sein Kompetenzfeld handelt. Er hingegen hat sich in seinem Stück mit dem philosophischen Unterbau, dem Abstrakten beschäftigt, der Komplexität gesellschaftlicher und soziopolitischer Mechanismen, er hat quasi mit der Form der Satire gearbeitet und das komplexe Thema der Unsichtbarkeit von Frauen in der Öffentlichkeit aufgearbeitet, was an sich auch schon viel mehr wert ist als so ein Küchenthema wie Kinderkriegen, da könnte er auch gleich ein Kochbuch schreiben, oder, nein, Spaß beiseite.

Um kurz zu skizzieren, wie er die weibliche Unsichtbarkeit auf die Bühne gebracht hat: Er möchte nicht zu weit ausholen, er will ja niemanden langweilen, darum kommt er gleich zum Ende: Das Ende und damit auch die Pointe seines Stückes ist, dass alle Schauspieler in der Kunstform des chorischen Sprechens – das hat übrigens eine enorme Wirkung – direkt ins Publikum sprechen: „Wir möchten uns entschuldigen, dass heute nur weiße Cis-Männer ...“, das Wort „Cis-Männer“ mag der Regisseur, das hat so eine aktuelle Kraft, „... zu sehen waren, aber leider haben wir keine Frau gefunden, die Humor versteht“, was übrigens großes Gelächter sowie Applaus im Publikum hervorruft. So kann er – neben der Tatsache, dass er keine weiblichen Schauspielerinnen dieser demütigenden Situation aussetzen muss und sie so wie gesagt vor der Grausamkeit des Publikums schützen kann, Vorurteile und die Unsichtbarkeit von Frauen kritisch und humorvoll beleuchten und dem Publikum einen Spiegel vorhalten. Ich überlege mir, worüber das Publikum wohl lacht, darüber, dass es was gehört hat, was es schon tausend Mal gehört hat und dem es deshalb sowieso zustimmt, oder über den Spiegel, der aber recht unsichtbar klingt. Gut, das ist natürlich auch sehr gewagt von ihm, liest der Regisseur fast meine Gedanken, denn natürlich kann es sein, dass irgendeine blinde Sau diesen Spiegel schon wieder nicht sieht und ihm somit Böses unterstellt, das ist heutzutage ja leider so, man kann es nur mehr falsch machen, aber dieses Risiko ist er eingegangen, um Asymmetrien aufzubrechen, und das, obwohl er sich keine Asymmetrien vorzuwerfen hat, weil niemand weiß, dass in seinen Produktionen HINTER der Bühne eine Frauenquote von 90 Prozent herrscht. Er wiederholt es für uns: 90 Prozent. Aber es ist eben immer so, die meisten Laien sehen – wie die Verena – immer nur das, was sie sehen, und nicht das, was sie nicht sehen, und somit nur das, was AUF der Bühne passiert, und nie, was HINTER der Bühne passiert. „Weil, Verena, sonst wüsstest du, dass in meinen Produktionen hinter der Bühne durchaus viele Frauen stark beteiligt sind. Ich wiederhole erneut: 90 Prozent. Meine Assistentin zum Beispiel, die ist eine echte Frau! Und das bedeutet, dass ..."

Ich würde ja gerne erfahren, was das bedeutet, aber die Stunde wird später, der Partyraum voller und der Kochgeruch intensiver, außerdem ist es mir unmöglich aufzuhören, die Wasabi-Nüsse zu knuspern, was wiederum zur Folge hat, dass bei jeder Nuss ein so lautes Krachen in mir entsteht, dass es schwierig ist, außer meinem eigenen Knuspern noch etwas anderes zu hören, kurz möchte ich mich zurücklehnen und kein aufmerksames Zuhören beweisen müssen, kurz möchte ich nur mit mir und der guten Nuss sein, ich lehne mich zurück, rhythmisches Krachen und Zermalmen in meinem Kopf, das regelmäßig ist wie eine Maschine, wenn ich jetzt jemand anderer wäre, der so laut knuspern würde, würde ich das wahrscheinlich weniger genießen können, knuspernde Menschen können sehr störend sein, knuspernde Menschen, die ihr eigenes Knuspern auch noch sehr genießen und dabei immer wieder „Mmh" in ihr Knuspern einpflegen, wenn ich ein anderer knuspernder Mensch wäre, wäre ich mir selber sehr unrecht, aber da ich ich bin und die Freude an der würzigen Nuss größer ist als der Ärger über das laute Geräusch, bin ich mir selber gerade recht.

Meine Schwester, die hat, egal was sie gegessen hat, immer laut geknuspert und hat sich nie geniert dafür, was ich nie verstanden habe, weil sie für ein Knuspern meinerseits sicher nie Verständnis aufgebracht hätte, sie hat ja nicht einmal Verständnis für mein Existieren aufbringen können, zwar war sie zum Zeitpunkt des Beginns meiner Existenz erst fünf Jahre alt, die sie aber damals schon sehr wütend gemacht haben muss, das beweist unter anderem ein Foto, auf dem sie gerade davon abgehalten wird, mir mit einer Holzwurst aus einem alten Kinder-Kaufmannsladen auf meinen neugeborenen, knallroten, noch mit vertrocknetem Schleim überzogenen Kopf zu prügeln, ein Foto, das Jahr für Jahr zu meinem Geburtstag herumgereicht worden ist und für schallendes Gelächter bei allen gesorgt hat, „aber jetzt haben sie sich lieb“, haben dann alle gesagt, „ja“ habe ich mir gedacht, in der Hoffnung, dass meine Schwester es sagt, die dann „Ja“ gesagt und mir Wasser ins Bett geschüttet hat, weil ich zum Geburtstag das bekommen habe, was sie sich gewünscht hat, weshalb ich ihr einen Pudding gekocht habe, damit ich mein Geschenk behalten darf, einen Pudding, damit sie mich doch mögen wird können, und auch ein bisschen, damit sie bei seinem Verzehr nicht knuspern muss.

Das Blöde bei einer älteren Schwester ist ja, denke ich mir, während noch eine Wasabi-Nuss zwischen meinen Zähnen zerkracht und ich den Regisseur unaufhörlich gestikulieren und die Verena dabei nicken und an ihrem Becher nippen sehe, das Blöde ist eben, dass man sie, also ältere Schwestern, nur mögen kann, ob man will oder nicht, ob sie einen mögen oder nicht, das ist so ähnlich wie bei Eltern, die mag man auch, ob man will oder nicht, ob sie wollen oder nicht, dem kommt man nicht aus, vielleicht weil man niemand anderen kennt als sie und dadurch niemand anderen mögen kann, umgekehrt ist das nicht der Fall, ältere Schwestern müssen einen nicht mögen, die kennen schon sich und auch andere und brauchen also niemanden, der noch so ist wie sie, nur kleiner und unwissender, denke ich mir, als die letzte Wasabi-Nuss zerkaut ist, die Stimme des Regisseurs wieder lauter zu mir durchdringt und mir langsam, aber sehr deutlich bewusst wird, dass ich schon seit geraumer Zeit auf meinem rechten Arm und im Nacken einen warmen, regelmäßigen Luftzug verspüre.

Nachdem der regelmäßige Luftzug nicht aufhört, über meinen rechten Arm und meinen Nacken zu strömen, drehe ich mich um, um diesem ungewöhnlichen Sachverhalt nachzugehen. Es ist ein junges Paar, das viel zu knapp hinter mir sitzt und mich unaufhörlich beim Sprechen anatmet. Sie haben beide so glückliche, obstdurchspülte Gesichter und merken offensichtlich gar nicht, dass sie ihre Sitzgelegenheiten, auf denen sie sich gemütlich mit Knabberzeug und Getränken mit Minzblättern drin ganz bewusst ihren Raum nehmen, viel zu knapp hinter mir platziert haben, und erst recht merken sie nicht, dass sie mich ständig mit ihrem warmen Atem benetzen. Ich springe von meinem Sessel auf, weil ich dem viel zu intimen Nasenluftstrom entweichen will, ich könnte zur Bar gehen oder zur Kochinsel, irgendwohin, wo mich kein Atem verfolgt, in dem Moment steht das glückliche Paar auch auf und da bin ich auch schon integriert in ihre Gemeinschaft. Das glückliche Paar schaut mich mit identischer Mimik an, die perfekt zu ihren perfekten städtischen Frisuren und ihrer Kleidung passt: „Du bist neu da, gell? Wir haben kein Problem damit, wenn jemand neu ist!“ Ich muss mich äußerst konzentrieren, meinen Blick auf die jeweils sprechende Person zu richten, weil das glückliche Paar ohne Vorwarnung die Sätze des jeweils anderen vollendet. Und dann, dass ich gar nicht schüchtern sein muss, nur weil ich wo neu bin, weil jeder war einmal wo neu, wenn man logisch denkt, oder, ihre neuen Nachbarn zum Beispiel, die sind auch neu! Und da war es für sie eben völlig klar, dass sie, weil sie eben gewusst haben, die sind neu, die kennen sich nicht aus, weil es sind so geflüchtete Menschen aus Syrien oder so – und da war es für sie eine Selbstverständlichkeit, dass sie einmal bei ihnen klopfen und fragen: „Hey Leute, wie schauts aus, habts ihr Bock, wollts ihr mit uns Weihnachten feiern?" Ja, sie sind da einfach anders, sie wissen auch nicht, warum. Ja, also ich weiß auch nicht, warum sie da anders sind, und versuche zumindest an einen der Becher auf dem Tisch zu gelangen, ein kühles Getränk täte gut, ich strecke meinen Arm aus, den das glückliche Paar aber gleich festhält. Es ist nämlich witzig, weil sehr viele Leute extrem oft zu ihnen sagen, dass sie total bewundern, dass sie da anders sind, weil sie, also die anderen, wären zu Weihnachten lieber unter sich. Das glückliche Paar findet das so eine typische österreichische Abschottungshaltung, die leider Gottes sehr viele in Österreich auch schon in ihrem Alter haben – und die haben sie, Gott sei Dank, nicht. Sie wissen auch nicht, woran das liegt, dass sie da anders sind, na ja, vielleicht liegt es daran, dass sie irrsinnig viel reisen – sie lieben das Erforschen von anderen Kulturen –, aber am Bildungsstatus liegt es, da sind sie sich sicher, sicher nicht. Ich nicke, weil ich inzwischen schon akzeptiert habe, dass ich zu keinem Getränk mehr kommen werde und dass ich an diesem Gespräch teilzunehmen habe, ich würde ja auch etwas sagen wollen, aber es ist nicht möglich, ist aber auch völlig egal, sagen sie, woran das liegt, dass sie anders sind, Bildungsstatus hin oder her, sie haben da einfach einen anderen Horizont als andere Österreicher, hey, ist gar keine Wertung!

Kurz ertappe ich mich dabei, mir zu wünschen, dass auch an meiner Tür jemand klopft und mich zu Weihnachten einlädt, so eine spontane Essenseinladung, das wäre doch was, „also das war jetzt natürlich nicht am Heiligen Abend selbst", ist das glückliche Paar aber schon weiter. Also, das wollten sie zuerst eh, sie hätten sie auch schon fast eingeladen gehabt, aber dann hat es einfach nicht so gepasst, ja, man hat einen Stress zu Weihnachten, dann brauchst neben dem ganzen Trubel auch noch Zeit für die Partnerschaft, ja eine gesunde Partnerschaft kriegt man auch nicht gratis, „du, und da kannst jetzt einen zusätzlichen Stress von außen nicht auch noch brauchen." Darum machen sie immer so zehn Tage vor Weihnachten einen kleinen, sie nennen es liebevoll: Adventtreff, wo sie alle einladen, die sie zu Weihnachten sehen sollten, aber jetzt nicht so unbedingt sehen wollen. „Also bitte nicht falsch verstehen, wir sind grundsätzlich sehr positive Menschen und so gepolt, dass wir alle Menschen von vornherein respektieren und mögen, aber manche kannst, besonders zu Weihnachten, einfach nicht brauchen. Nicht, weil du sie nicht magst oder so! Nein, du verstehst schon, oder?“

Das glückliche Paar lächelt mich an und setzt fort: „Du, und dann haben wir gesagt, weißt was? Schmeißen wir die Syrer gleich mit in den Pott, dann ist das auch erledigt.“ Das glückliche Paar macht eine Pause und greift mir auf die Schulter, als wollte es die Verbindung zu mir intensivieren – langsam wird mir das echt zu viel mit der körperlichen Nähe und dem Verbinden auf dieser Party. Ich könnte mich schnell unter ihren Armen durchwinden möglichst unauffällig, vielleicht würde es das glückliche Paar gar nicht merken, wenn ich nicht mehr da wäre, sie haben ja einander, worüber ich mich übrigens aufrichtig freue, nicht jeder hat jemanden und damit einander, eine gesunde Partnerschaft kriegt man auch nicht gratis, und wenn ich mich also unauffällig unter den Armen des glücklichen Paars durchwinden könnte, hätten sie noch immer einander und ich wäre frei, ich könnte dann zum Beispiel das Klo aufsuchen, aber auch erneut am Schwungrad drehen oder mit jemand anderem sprechen oder ich könnte zu meiner Schwester fahren. Es ist unglaublich, wie viel so ein Leben außerhalb eines glücklichen Paares zu bieten hat, ein Leben, das ich mir in dem Moment gar nicht vorstellen kann, da krallt sich ihr Griff noch fester in meine Schulter. Sie schließen dabei für längere Zeit die Augen und atmen tief ein und lächeln: „Und dieser Adventtreff. Der war ... so schön. So berührend. Siehst das? Mei, wir kriegen noch immer eine Gänsehaut, wenn wir daran zurückdenken. Weil sie, also unsere neuen Nachbarn, sind genau in dem Moment dazugekommen, als wir die Weihnachtslieder angestimmt haben. Und sie haben dann auch – total lieb – so Spezialitäten aus ihrer Kultur mitgebracht, was war das eigentlich? Das war – schieß mich tot – halt irgendwas mit Linsen, was weiß ich, du, wir haben's ja nicht probiert. Na ja, das Scharfe und wir mit unseren Unverträglichkeiten und so, und du weißt ja auch nicht, was drin ist. Hat aber auf jeden Fall supergut ausgeschaut und die Geste war auf jeden Fall irrsinnig lieb! Und wir fangen zweistimmig an zu singen: ‚Wer klopfet an?' Ja, schau nicht so, wir mögen das!"

Und sie erzählen mir, dass sie als Kinder das „Liedl", wie sie es nennen, in der Pfarre schon in verteilten Rollen gesungen haben, sie mögen die Melodie so und überhaupt ist das Lied heutzutage aktueller denn je. Ich will mir nicht anmerken lassen, dass ich mit den gleichen Liedern aufgewachsen bin wie sie, wenn wir jetzt auch noch anfangen, Gemeinsamkeiten festzustellen, bin ich verloren, also nicht falsch verstehen, setzen sie fort, „wir sind jetzt keine Katholiken oder so, mit dem Katholizismus haben wir nichts am Hut, wir sehen die Kirche an sich wirklich als altpatriarchalen Haufen, und das Patriarchat gehört gesprengt. Na du! Echt jetzt, wir sind sowieso für das totale Matriarchat!" So plötzlich, dass ich einen Schrecken kriege, unterbricht das glückliche Paar seine Ausführungen, erhebt die Fäuste und beginnt im Zweier-Chor: „MA-TRI-AR-CHAT, MA-TRI-AR-CHAT, MA-TRI-AR-CHAT", lächelt sich danach zärtlich an, gibt sich einen Kuss und kichert in sich hinein. Ich versuche mir das glückliche Paar in einem Matriarchat vorzustellen, was wiederum bedeuten würde, dass sie beide noch bei ihren Müttern leben würden, und ich frage mich, ob ihnen das gefallen würde, weil das glückliche Paar schon eher so wirkt, als wäre ihnen ihre Zweisamkeit wichtig, und als würden sie nicht viele andere dazu brauchen, ich versuche mir weiter vorzustellen, wie die glückliche Frau inzwischen mit ihren Schwestern, Großtanten und Brüdern Kinder aufzieht und wie das glückliche Paar im Konsens mit einem ganzen Familienclan oder einem ganzen Dorf Entscheidungen trifft und gemeinsam Konflikte austrägt, so wie es in einem Matriarchat oft passiert, eine Vorstellung, die gut, aber bei ihnen doch schwer vorstellbar ist, obwohl sie, das muss man ihnen lassen, gerade von sich gesagt haben, dass sie keine Abschottungshaltung mögen, darum möchte ich sie natürlich nicht vorverurteilen, was ich nämlich nicht richtig von mir fände, darum frage ich direkt: „Wie stellt ihr euch das Leben in einem Matriarchat eigentlich vor?“ Das glückliche Paar schaut mich irritiert an, vielleicht weil sie sich wundern, dass ich nicht höre, sondern frage, oder, weil eine Frage an dieser Stelle nicht vorgesehen war, sie schütteln den Kopf: „Na ja, es gibt so viele Frauen, die so coole Säue und echt stark sind, wirklich, wahrscheinlich weil Frauen so sozialisiert sind, dass sie auch weinen dürfen, was Männer nicht dürfen, darum sind die alle so verklemmte schwule Stöcke mit Komplexen, was schade ist, weil wir sind so gepolt, dass wir Weinen als wahre Stärke empfinden, bei allen und immer, nicht nur bei Frauen und in der Weihnachtszeit. Aber was wir eigentlich sagen wollten: Wir singen dieses Liedl irrsinnig gern, aber weil es uns gefällt und nicht, weil wir kirchlich sind, wir mögen keine Kirche, nach unserer kirchlichen Hochzeit treten wir fix aus der Kirche aus und dann sieht dieser kirchliche Männerverein keinen Cent mehr von uns, das ist unser Akt des Protests.“

Ich habe noch immer nicht ganz verstanden, beschließe aber, ab jetzt das glückliche Paar nicht mehr zu unterbrechen, sonst wird das nie was mit dem Wiederwegkommen. „Auf jeden Fall, wo waren wir? Genau, beim Adventtreff. Und wir singen eben grad: ‚Wer klopfet an?‘ Und die Tür geht auf und da steht die syrische Familie – Mama, Papa und ein kleines Kind – mit dieser großen Schüssel in der

Hand. Wir wollen natürlich sofort aufhören zu singen und sie willkommen heißen, aber dann, und das war fast wie ein Weihnachtswunder für uns persönlich, setzen sie ein: ‚Oh zwei gar arme Leut'." Das glückliche Paar unterbricht seine Erzählung erneut, schließt die Augen, atmet tief ein und schüttelt vor Berührung den Kopf. „Das war. Emotion pur. Dass die den Text auf Deutsch gelernt haben! Also es waren schon sehr viele Grammatik- und Aussprachefehler dabei, verstanden hast eigentlich überhaupt nix, du, aber mit viel Fantasie ... Meine Güte, und die Frau so ganz verschüchtert und der Mann mit dieser fast unmenschlich tiefen Stimme – also das ist jetzt positiv gemeint –, aber die Töne hat er nicht ganz getroffen, sorry, wir haben einfach ein total sensibles Gehör, drum sind wir da ein bisschen sensibel. Wir haben nämlich jahrelang Hackbrett gespielt, musst wissen, in der Kindheit und in der Jugend in der Pfarre und jetzt auch auf den Studentenfestln. Wurscht. Auf jeden Fall, die Situation war so bewegend. Und dann hat sich das so wie ein Reißverschluss-Schneeballsystem ergeben, dass wir immer die Fragen gesungen haben: ‚Was wollt ihr denn?' und sie die Antworten: ‚O gebt uns Herberg heut'. Und du hast richtig gespürt, wie die Emotionen und auch das Gemeinschaftsgefühl immer größer geworden sind und zum Schluss alle richtig mit Inbrunst: ‚Nein, es kann einmal nicht sein, da geht nur fort! Ihr kommt nicht rein!'" Das glückliche

Paar lässt die letzten zweistimmigen Töne nachhallen und setzt fort: „Und plötzlich ist da auch noch ein ganz helles Licht erstrahlt und das hat uns so geblendet, dass wir gar nicht gesehen haben, dass die syrischen Nachbarn einfach reingekommen sind. Erst viel später haben wir gemerkt, dass das Licht nur die kaputte Neonlampe im Gang war, die hat einen Wackler gehabt. Aber da sind sie schon gesessen."

Das glückliche Paar schaut mir in die Augen, lange, viel zu lange, so lange, dass ich zu verstehen beginne, dass ich jetzt etwas sagen sollte, und während ich überlege, welche Reaktion angebracht wäre, was in diesem Fall gar keine einfache Fragestellung ist, geht mir das Lied nicht mehr aus dem Kopf, nein, bitte, ich will jetzt nicht den ganzen Abend „Wer klopfet an?" in meinem Kopf singen, bitte keine Kirchenlieder, und mir fällt ein, die letzte Herbergssuche, die letzte Adventveranstaltung im alten Bauernhaus, bei der ich war, das muss jetzt zwanzig Jahre her sein, da haben meine Schwester und ich Maria und Josef spielen müssen und haben dabei einen unerträglichen Lachkrampf gekriegt, wonach uns sämtliche Nachbarn für unerzogen erklärt haben, einen Ruf, den wir nie wieder losgeworden sind, und als ich wieder lachen muss, mischt sich der Regisseur ein, der bis jetzt nicht aufgehört hat, der Verena von seiner Assistentin vorzuschwärmen, weil diese paar Gesprächsfetzen, die er da wahrgenommen hat, bringen ihn auf eine geniale Projektidee und so können wir gleich sehen, wie er arbeitet: ein Fünkchen da aufgeschnappt, ein anderes dort, und schon beginnt seine geniale Ideenbrühe zu brodeln, aus der am Ende eine exquisite Cuisine entsteht – um jetzt ein Bild aus dem Kulinarischen zu strapazieren. Folgende Grundidee ist ihm eingeschossen, wenn sie, wenn möglich, bitte jemand mitschreiben könnte: „Herodes lässt alle Neugeborenen schlachten. Maria, Josef und das kleine Jesuskind bringen sich in Sicherheit. Damals wie heute. Die Bedrohten auf der Bühne sind: echt“, nach einer längeren Pause setzt er fort, „und die Frauen auch.“ Die Verena, die mit einem Glas an die Wand gelehnt steht, kann nicht folgen: „Was? Ich hab gedacht, du lasst aus Prinzip keine Frauen auf die Bühne.“ Der Regisseur, genervt vom rustikalen Laienverstand der Verena: „Verena. Maria ist keine Frau. Maria ist eine Heilige.“ Während die Verena diese Information mit ihrem Glas hinunterspült, findet das glückliche Paar die Idee vom Regisseur genial und hey!, er kann gleich ihre Flüchtlinge nehmen, sie können den Kontakt herstellen, das glückliche Paar liebt networken! „Und du tust uns, also ihnen, sorry, damit einen großen Gefallen, wenn sie einmal rauskommen von zu Hause. Sie sind ja schon sehr viel daheim. Also nicht, dass uns das stört, das sind wirklich irrsinnig nette Nachbarn, aber eben auch sehr lebendig“, was super ist, he, diese Lebendigkeit fehlt unserer Kultur ja total, da kann man auch echt viel voneinander lernen, das glückliche Paar hat sie auch gefragt, ob sie heute mitkommen wollen zur Party – ja echt, so sind sie! – das wäre echt eine Bereicherung gewesen, aber leider haben die schon was anderes vorgehabt. Das glückliche Paar lächelt einander irritiert zu und dann in die Runde: „Also uns kommt vor, die sind auch immer irgendwie auf der Flucht. Manchmal haben wir das Gefühl, die brauchen uns gar nicht."

Während sich das glückliche Paar wieder ausnahmslos einander zuwendet – was ein erlösender Moment für mich ist, endlich kann ich zu einem Getränk greifen – und die Verena, die inzwischen gleich beide mauszerfressenen Sessel okkupiert hat, indem sie auf dem einen sitzt und auf dem anderen ihre Beine ablegt, den Regisseur auf ihren Schoß zieht, was sie lauthals lachend kommentiert, kommt eine junge Frau auf mich zu, in erdfarbener Kleidung. Sie hat lange braune, auffällig glatte Haare und geht ganz langsam und aufrecht und lächelt mich freundlich an, als würde sie viel wissen. Vielleicht könnte ich mit ihr reden? Wir könnten uns gemeinsam in die zerschlissenen Biedermeier-Sessel setzen, einfach, weil es sich so ergeben hat. Mit einem gemeinsam gekochten Gericht, das bestimmt viel reines, frisches Gemüse beinhalten wird, wir könnten reden, über alles, was uns beide interessiert, und wir werden auch nach dieser Party noch Freundinnen bleiben, wir werden uns in einem Café treffen, bald und in zehn Jahren wieder, und wir werden darüber reden, dass wir uns damals vor zehn Jahren bei dieser Party kennengelernt haben, damals, als ich noch den Unijob gehabt habe, wir werden reden, in einer Zeit, in der alles gut geworden sein wird, und wir werden lachen über die Zeit, in der alles ein Chaos war, weil wir damals noch nicht die waren, die wir eigentlich sind, wir waren damals nur am Weg dorthin, die zu werden, die wir in Wirklichkeit sind, und sind jetzt am Ziel, endlich, und wir werden reife Sätze sagen wie, „das hat mich über mich hinauswachsen lassen" oder „du, ohne meine Fehler wär ich nicht zu der geworden, die ich heute bin", und wir werden lachen dabei, mit einer Reife in der Stimme, und während ich mir ausdenke, dass es dann noch andere geben wird wie uns, die über das Gleiche reden wie wir, mit denen wir unsere eigene Party machen werden, auf der sonst niemand, der hier und heute anwesend ist, anwesend sein wird, steuert die junge Frau direkt an mir vorbei. Oh, sie will gar nicht zu mir. Sie will zum Rohschinken. Und sie legt mit einer Ruhe und Bedächtigkeit eine Scheibe nach der anderen auf ihren Teller. Gut, wenn sie Appetit hat, aber sie kommt jetzt mit ihren Händen der schleimigen Petersilie vom Regisseur immer näher. Ich starre die Petersilie an, starre sie an, ich will ihr zeigen, dass Gefahr besteht, will sie ansprechen, aber sie nimmt in aller Ruhe eine Scheibe nach der anderen, wobei ich sie nicht stören will, ich will natürlich niemanden stören, der sich bewusst an einem Schinken bedient. Sie hört nicht auf, sich zu bedienen, wie viel Rohschinken kann eine einzelne Person essen wollen? Aber gut, ich habe ihn auch wirklich mit viel künstlerischem Feingefühl geschnitten.

„Verena! Du bist wirklich ein gelungenes Beispiel für eine in unserer Kultur leider Gottes zum Mainstream verkommenen proletarisch patriarchalen Denkweise." Der Regisseur bekommt inzwischen eine immer lautere Stimme und wird in seinen Gesten immer feierlicher: „Du fragst mich ständig das Gleiche. Und noch einmal ganz langsam für dich: Ja, Verena, in meinem Werk sind nur Männer auf der Bühne zu sehen. Ja, Verena, ich verstehe, deine Erwartungshaltung war, in *Die hirnlose Frau* auch ein paar echte hirnlose Frauen zu sehen." Und er erklärt ihr, dass er ihr vorhin bereits die Doppelbödigkeit dieser Entscheidung erklärt hat, und, dass er nicht willens ist, sie noch einmal zu erklären, ob die Verena nicht verstehen kann, dass er schon viel weiter ist im Thema, dass er bereits von den wahren Heldinnen spricht, von denen, die hinter den Kulissen zu finden sind, die den Applaus, den es auf der Bühne gibt, verdient hätten, aber nicht bekommen, weil sie ihn nicht notwendig haben, was sie zu wahren Heldinnen macht. Und ein gutes Beispiel, und darauf will er schon seit geraumer

Zeit hinaus, bevor ihm hier wieder unterstellt wird, er weiß die Arbeit von Frauen nicht zu schätzen, ist eben seine Assistentin. Der Regisseur nimmt jetzt die Verena an den Handgelenken: „Schau, du sprichst ständig nur davon, was du siehst. Wenn du einmal weitersehen könntest, würdest du auch davon sprechen können, was du nicht siehst." Und seine Assistentin, die kann man eben nicht sehen, ja, das Wesentliche ist für die Augen oft unsichtbar, aber sie leistet Immenses und mit was für einer Aufopferung, da ist sein Job, der Job eines Regisseurs nichts dagegen! Darum hätte sie eigentlich viel mehr Respekt verdient von der Verena und der gesamten Öffentlichkeit, das muss er hier einmal mahnend nicht nur zur Verena, sondern in die ganze Menge sprechen. „Viel mehr Respekt hat sie verdient als ich, der Regisseur!"

Die erdfarbene Frau, die ihren Teller mit einem ordentlichen Rohschinkenhaufen gefüllt hat, geht. Ich bin mir nicht so sicher, ob ich jetzt beruhigt sein soll, dass die Petersilie noch immer neben dem Schwungradschneider liegt. Sie schaut aber aus, als würde sie langsam anfangen zu welken, wird immer kleiner und trauriger. Aber jetzt bitte zurück zum Regisseur, er ist noch nicht fertig in seinen Ausführungen! Weil, das gibt er zu, in den Endproben wird er manchmal wie ein Kind. Und da ist es seine Assistentin, die mit viel diplomatischem Geschick für Recht und Ordnung sorgt und – er sagt es ganz offen – die ganze Drecksarbeit von ihm fernhält. Ob die Verena und auch ich, auch bei mir könnte diese Information etwas an meinem vorgefertigten Denken ändern, warum ich eigentlich immer so kritisch schau, ob es einen Grund dafür gibt? Schnell versuche ich, einen neutralen Blick aufzusetzen, man möchte ja nicht jetzt schon jemanden verstören, trinke aus meinem Becher, der gut meinen Mund verdeckt, ja, also ob wir jetzt langsam verstehen, dass es die Assistentin ist, die in Wirklichkeit die wahre Chefin ist und die Fäden im Hintergrund zieht?

Der Regisseur wirft einen Blick in den Autoklaven und führt währenddessen aus, dass er schon findet, dass es im Falle der Assistentin gut ist, dass die Sprache sich verändert. Also er ist jetzt bitte keiner, der da Sprachpolizei spielt – und nach dem Wort „Sprachpolizei" muss er plötzlich furchtbar lachen, richtig herzlich – nachdem er sich wieder beruhigt hat, erklärt er, plötzlich seelenruhig, dass er bitte keiner ist, der was gegen deftige Ausdrücke hat, nein, Deftigkeit ist prima, das können wir auch an den Grammelknödeln sehen, die schon so deftig duften, also er ist keiner, der da anfängt, Sternchen, Doppelpunkte oder andere unleserliche Befindlichkeiten einzufordern, was die Verena mit der Feststellung, dass man das als wirklich starke und selbstbewusste Frau auch nicht notwendig hat, so weit kommt es noch, unterbricht. Ruhe!, der Regisseur ist noch nicht fertig, er findet, wo war er?, also er findet, das ist ja das eigentliche Problem, wenn die Welt weniger über Sternchen und mehr über die echte Welt, zum Beispiel über Assistentinnen, reden würde, wäre alles viel unkomplizierter und ja, auch sinnlicher. Eine Assistentin ist eine Assistentin, da hat jeder gleich ein Bild vor Augen, da sieht jeder gleich eine unsichtbare Frau vor sich, aber red einmal über einen Doppelpunkt oder ein Sternchen, was soll man da vor sich sehen, was soll man sich darunter vorstellen, wer hat bitte Lust, über so was zu reden, ob denn niemand kapiert, dass der gängige Mann sehr visuell veranlagt ist und somit keine Lust hat, irgendwelche Striche, Punkte oder Sterne vor seinem Auge zu sehen, was demnach auch zu keiner Veränderung führen kann. Man muss schon auch Lust machen können!

In dem Moment kommt der Typ mit dem dichten Haar und der Nickelbrille wieder vorbei, er hat diesmal keine Nüsse in der Hand, sondern nagt in seinem Mundwinkel an einer Salzbrezel, er schüttelt den Kopf und sagt: „Na, ihr habt Probleme. Wenn ihr einmal Kinder habt, werdet ihr sehen, was wahre Probleme sind“, und geht lachend davon. Es ist interessant, denke ich mir, warum nicht Sprache und Familie gleichwertige Themen sein können, warum muss immer ein Thema ein wahres Thema sein und ein anders Thema ein unwahres, wo doch alle Themen irgendwie zusammenhängen, und ich frage mich, ob jemand, der andere Personen, außer sich selbst, in der Sprache nicht vorkommen lassen will, sie in der praktischen Realität schon vorkommen lassen wollen würde, was ich mir gerade nicht vorstellen kann. Dennoch ist es schon gut, findet der Regisseur – warum bringen ihn eigentlich immer alle aus dem Konzept, ist das Absicht? Also, es ist schon gut, dass man heutzutage nicht mehr Sekretärin sagt, weil Assistentin klingt einfach viel mehr nach Augenhöhe, was Assistentinnen natürlich in der Realität nie sein können, nein, also wirklich, da können sie noch so eifrig sein, Künstler bleiben eben Künstler und Assistentinnen eben Assistentinnen, das ist gar keine Wertung, aber eine Gleichheit zwischen den Menschen kann es in der Realität ja gar nie geben! Das darf man ja nicht mehr sagen heutzutage, er sagt es aber trotzdem, das ist nämlich gar nicht wertend gemeint, sondern hat nur was mit unterschiedlichen Qualitäten zu tun! Aber das Problem ist: Manchmal, während der Proben, da ist er wie in einem Rausch, das kann man sich als Normalsterblicher nicht vorstellen, was das für Rauschzustände sind in der künstlerischen Arbeit, erklärt er, in seinem Autoklaven rührend. Langsam komme ich nicht mehr ganz mit, was er eigentlich genau erklären will, ob es um Satzzeichen geht, um Assistentinnen oder doch nur um ihn selbst, mir wäre es lieber, wir könnten endlich von den Knödeln essen, wenn Menschen Knödeln essen, sprechen sie oft weniger. Und wenn er dann wieder in so einem Rauschzustand ist, der Regisseur hat jetzt einen Grammelknödel auf eine Gabel gespießt und hält ihn in die Höhe, als würde er darin seine Gedanken lesen können, wenn er in so einem Rauschzustand ist, vergisst er alles um sich herum, und manchmal vergisst er sogar seine eigene Assistentin, die wichtigste Person an seiner Seite. Verheerend, nicht wahr? Der Regisseur richtet nun ein kuhförmiges Holzbrett her, lässt den Grammelknödel wieder in den Autoklaven fallen, verschließt ihn gut und geht mit seinem Kuhholzbrett auf den Schwungradschneider zu, wirft einen prüfenden Blick auf den von mir geschnittenen Rohschinken, während er findet, dass es wirklich besonders verheerend ist, wenn er seine Assistentin wieder einmal irgendwo vergisst, weil von außen gar niemand weiß, was für eine Symbiose eine Assistentin und ein Künstler während so einer Zusammenarbeit bilden. Er nimmt sich mehrere Scheiben Rohschinken auf sein Brett, gießt in mehrere Stamperln Grappa ein und verteilt sie, er schüttet sich zwei hinunter, stößt dann mit der Verena und mir an, wir schütten gemeinsam hinunter, wobei ich eher diskret nippe und ein Schütten vortäusche, weil ich sonst einen spontanen Brechreiz meinerseits fürchte.

Also, es ist schwer, Worte zu finden, die am besten dieses besondere magische Verhältnis zwischen ihm und seiner Assistentin beschreiben, fährt der Regisseur fort, aber am besten würde es die beiden vielleicht beschreiben, wenn er sagt, sie sind wie die heilige Jungfrau und ihr Sohn. Durch ihr jungfräulich schwitzendes Blut, um jetzt metaphorisch zu sprechen, kann überhaupt erst seine Kunst so hell ins Unendliche strahlen. Ja, das ist ein gutes Bild, das beschreibt es wirklich treffend, ihre selbstlose Liebe, die ihn zu einem besseren Künstler macht. Der Regisseur pausiert, beginnt auf einmal leicht zu taumeln, er tastet sich zum Biedermeier-Sessel, von dem die Verena noch rechtzeitig aufspringt und die Situation mit einem erschrockenen und deshalb viel zu lauten, „Oida, was geht'n jetzt?“ kommentiert, der Regisseur lässt sich breitarmig in den Sessel fallen, hängt ausgestreckt, tief atmend und mit geschlossenen Augen darin: „Oh je! Oh nein! Jetzt, wo ich das sage, passiert schon wieder, was immer passiert, wenn ich davon rede: Es fühlt sich schon wieder so an, als hätte ich Wundmale an den Händen. Verzeihung, das ist wirklich ein total verrücktes Gefühl, so intensiv.“ Aber ob wir jetzt verstehen, wie besonders diese Verbindung ist? Umso bedrückender ist es für ihn dann, wenn er seine Assistentin wieder einmal unabsichtlich irgendwo vergisst. Manchmal steht er im dunklen Probenraum und plötzlich fliegt er über etwas drüber und brüllt: „Räumt da irgendjemand diesen Dreck weg, wozu habe ich eine Assistentin?“ Ja, das gibt er zu, da wird er manchmal cholerisch, aber das sind Künstler oft, da kann er gar nichts dagegen tun, das ist eben gottgewollt. Er richtet sich wieder auf, schaut der Verena tief in die Augen und erklärt ihr: „Du, und dann hör ich gar nix flink anschurlen, dann will ich gleich noch einmal losschreien: ‚Wo ist meine Assistentin?', aber dann hör ich schon ein sachliches Argument direkt unter mir und komm drauf, dass der Dreck unter mir meine eigene Assistentin ist, da bin ich in der Hitze des Gefechts glatt über meine eigene Assistentin drübergeflogen, dass es so was gibt, oder?!" Er will mit dieser Ansprache hiermit seiner guten Fee Respekt zollen, jetzt ist sie zwar nicht da und kann ihn gar nicht hören, das ist natürlich schade, aber zumindest kann er sich hören, und vielleicht ist das sogar viel wichtiger, dass er weiß, was für einen Respekt er in Wirklichkeit hat! Dies hier ist ein Toast auf alle Assistentinnen dieser Welt! Prost! Er schüttet sich noch einen Grappa in die Gurgel und steckt sich Rohschinken in den Mund, hat zum Glück nichts an der Dicke der Scheiben auszusetzen, wobei ich mir ziemlich sicher bin, dass er gar nicht mehr weiß, dass ich diejenige war, die den Schinken geschnitten hat.

Nachdem der Regisseur ausgiebig geschluckt und kurz aufgestoßen hat, ist er nun bereit, die feierlichen Worte auszusprechen, er klopft mit der Gabel gegen ein Proseccoglas und verkündet der gesamten Partygesellschaft, deren Gespräche mit einem Mal verebben: „Es ist Zeit. Wir können jetzt den guten Rohschinken essen."

Ein Partygast nach dem anderen stellt sich hinter dem Schwungradschneider an und häuft sich gierig Rohschinken auf den Teller, oft begleitet von lustvollen Lauten und faszinierten Blicken, während mir vieles durch den Kopf geht. Einerseits frage ich mich, wie es geschehen hat können, und ob irgendjemand weiß, dass die erdfarbene Frau, die in der Menge verschwunden ist, bereits einen ordentlichen Rohschinkenhaufen voreilig und ungefragt genommen hat, zweitens und gar nicht unmittelbar zu diesem Thema, aber doch zum Rohschinken passend, empfinde ich Stolz, wie respektvoll der von mir geschnittene Schinken von allen Gästen behandelt wird, und drittens bin ich besorgt, ob wohl niemand die Petersilie aus dem Mund des Regisseurs mit auf seinen Teller nehmen wird. So viele Gefühle und Gedanken in mir, die gleichzeitig gefühlt und gedacht werden wollen, wie soll man da Appetit auf Fleisch haben können? Aber es ist noch Zeit, bis ich an der Reihe bin, mir den Schinken zu nehmen, genug Zeit, um das Petersilienstück zu überwachen und bei Bedarf einzuschreiten, während ich mit meinem Teller in der Reihe stehe und außerdem Zeit habe, einen Gedanken von mir zu berichtigen, weil es nämlich nicht so ist, muss ich richtigerweise überdenken, dass das Knuspern meiner Schwester mich schon immer gestört hat, das muss ich schon auch für mich festhalten. Das war mehr so eine Entwicklung. Ich kann mich sogar erinnern, ganz früher habe ich ihr mit Freude beim Essen zugeschaut, wie sie genüsslich mit ihrem idealen Körper allerlei verschlungen hat, so möchte ich auch verschlingen, habe ich mir gedacht, und versucht, so zu essen wie sie, habe die Gabel gleich gehalten und meinen Mund gleich bewegt, habe gleich wie sie die Ölreste vom Teller geschleckt, so lange, bis ich es perfektioniert gehabt und mich in manchen Momenten gefühlt habe wie sie. Es war ein gutes Gefühl, schön und stark, was sie leider irgendwann bemerkt hat, und so hat sie angefangen, ganz leise zu mir zu sagen, „du bist nicht ich!“, womit sie natürlich auch recht gehabt hat, das habe ich sofort eingesehen und somit wieder versucht, ich zu sein, aber selbst dann, als ich wieder ich war, hat sie immer wieder geflüstert, „du bist nicht ich!“, ich soll endlich aufhören, sie zu sein, sie war ganz rot und erstarrt im Gesicht und hat mit der Gabel drohend auf mich gezeigt, und ich habe wieder versucht, nicht sie zu sein, sondern ich, aber es hat nicht aufgehört, egal wer ich war, egal was ich getan habe, immer hat sie geflüstert, „du bist nicht ich!“ und die Gabel auf mich gerichtet. Einmal habe ich mein Extrawurstbrot belegt, mit Butter und Extrawurst eben und ein paar Tupfern Mayonnaise in Form eines Gesichts, und sie hat geflüstert: „Warum bist du ständig ich?“, und hat dabei ihr Extrawurstbrot gekaut und von einer Sekunde auf die andere hat sich ihr Gesicht verändert. Dem Mund, der bis dahin in sinnlicher Stärke auf wunderbare Weise Nahrung zermalmt hat, aus dem sind auf einmal nasse Brotkrümel gespritzt, die an meinem Glas kleben geblieben sind, weiche Brotreste sind zwischen ihren Zähnen gepickt, während ihr viel zu lautes Gebiss gierig und besitzergreifend die Wurst zerkaut hat, ihr lauter Schlund hat dieselbe Wurst möglichst schnell in ihren Magen verfrachtet, damit niemand anderer sie nehmen kann, schnaufend hat sie abgestandenen Himbeersaft nachgetrunken, als würde sie lebensnotwendige Arbeit verrichten. Ein widerlicher Anblick, der sich mir geboten hat, bei dem sie aber gleichzeitig noch sie war, kurz hat sie noch durchgeschimmert, wie sie vorher war, anmutig und vollkommen, und wie man sein will, was aber in der nächsten Sekunde schon wieder verblasst ist und sich ihr perfektes Gesicht zu einer schmatzenden Fratze verändert hat. Trotzdem habe ich ihr zum nächsten Geburtstag noch den Kassettenrekorder geschenkt, den ich haben wollte, vielleicht in der Hoffnung, dass der Ekel wieder vergeht und sie, die sie war, zurückkommt.

Als ich endlich an der Reihe bin, mir einen Rohschinken zu nehmen, und direkt vor dem Schwungradschneider stehe, den der Regisseur mit sanften Blicken überwacht, ist auf einmal die Verena neben mir mit einem leeren Teller. Also sie, die Verena, beschäftigt das Thema mit der Assistentin noch immer, mich denn überhaupt nicht? Sie ist da total anders, sie kann nicht einfach NICHT denken, da kann sie aus ihrer Haut nicht raus, also sie denkt sich, dass dieses Zuarbeiten im Hintergrund für solche guten Feen wie die Assistentin vom Regisseur durchaus eine Möglichkeit sein kann, ihr Talent zu beweisen und sich mit eigener Power raufzuarbeiten. Also jeder hat einmal klein angefangen, oder? „Oder?" Die Verena haut mir, sodass ich ihr ohne Nachzudenken zustimme, viel zu fest auf den Oberarm, da ist sie so der Typ, sorry, wenn sie einmal anfangt zu denken, sprudeln die Gedanken nur so aus ihr raus, wenn es zu viel wird, dann sie einfach stoppen! Mmh, aber vorher nimmt sie sich noch was von dem superleckeren Rohschinken: „Mah, der schaut super aus, wer hat denn den geschnitten?" Und ich so: „Ja, ich." Und die Verena: „Ah, du warst das? So still bist du, aber so fleißig geschnitten hast du." Und streicht mir mit geschürzten Lippen über meine Wange, als wäre sie eine ältere Tante und ich ein kleines Kind.

Die Verena schaut mich noch viel zu lang auf eine eigenartige Weise mitfühlend an, und plötzlich, völlig unerwartet, geht es schon wieder weiter mit ihren eigentlichen Gedanken: Also sie denkt sich, während sie effizient mit einem Handgriff einen zusammenklebenden Rohschinkenbrocken auf ihren Teller häuft, sie denkt sich, während sie sich neben den Regisseur stellt und mich, unaufhörlich sprechend, nicht aus den Augen lässt, sodass ich nicht anders kann, als mich zu ihr und zum Regisseur zu stellen, die Verena denkt sich also, wenn so eine kleine Assistentin an so einem großen Künstler sieht, was sie theoretisch einmal werden kann, wenn sie sich nur immer fleißig bemüht, kann das ja ein motivierender Ansporn für sie sein. Manchmal ist so ein Ansporn auch viel mehr wert als ein Gehalt. Der Regisseur goutiert die Gedanken der Verena mit einem gemurmelten „Mhm“ und einem nachdenklichen „got you, Verena“, während er seinen Kopf in seine Hände stützt. Und die Verena findet, wenn der Wille da ist, kann jeder alles schaffen, echt jetzt! Selbst wenn man als Nichts auf die Welt kommt, als armes kleines Wüstenkind zum Beispiel, kann man, wenn der Wille groß genug ist, alles schaffen! Boah, dieses Thema beschäftigt sie so, warum denken da nicht alle wie sie? Die Wüstenblume, da hätte sie jetzt ein konkretes Beispiel, die Verena findet es irrsinnig wichtig, in Diskussionen konkrete Beispiele zu haben, die Wüstenblume ist nämlich ein gutes Gegenbeispiel, wenn jetzt wieder jemand damit daherkommt, dass die Umstände dran schuld sein sollen, wenn man es zu nichts bringt. Die Verena ext die Proseccoflasche, die sie in der Hand hält, und einen Grappa hinterher. Also die Wüstenblume, dieses Model aus den 90er-Jahren, die Waris

Dirie, ob das alle hören? Die hat mittlerweile sogar einen Namen, den man englisch aussprechen kann, und die ist von einer Wüstennomadin zuerst zu einer europäischen Putzfrau aufgestiegen, und als ob das nicht schon Karriere genug gewesen wäre, später auch noch zu einem richtigen Topmodel. Aber jetzt nicht zu einem dumpfen, wie Models sonst so sind, schön, aber dumpf, sondern zu einem Model mit Sinn für Gerechtigkeit, das sogar auch noch politisches Bewusstsein hat, kann sich das einer vorstellen, ein Model, das über Politik reden kann, das klingt ja eigentlich wie ein Witz, oder? Aber die Wüstenblume kann das, das weiß die Verena, weil die Wüstenblume auch ein Buch geschrieben hat, das die Verena gelesen hat und das sie wirklich sehr, sehr berührend findet, also große Leseempfehlung an dieser Stelle von der Verena! Und plötzlich wird sie ganz still, schaut allen, die ihr noch zuhören, also eigentlich nur mir – ob der Regisseur zuhört, ist nie so klar zu erkennen, das glückliche Paar ist auch nur mehr halb anwesend –, sie schaut mir also ganz tief in die Augen, zieht mich zu sich und flüstert mir ins Ohr: „Also, das ist ja eine ganz, ganz, ganz, ganz schlimme Geschichte mit dieser Frau. Der haben sie als dreijähriges Kind die … Klitoris weggeschnitten und mit einem Dorn die weggeschnittenen … ähm … Schamlippen so weit zugenäht, dass nur ein streichholzkopfgroßes Loch übrig geblieben ist.“ Das findet die Verena wirklich ganz schrecklich, was den

Frauen in solchen Ländern angetan wird, das findet sie wirklich ganz, ganz schlimm, Gott sie ist so dankbar, dass sie in Österreich geboren sein und leben darf. Sie nimmt noch einen ordentlichen Schluck Grappa und sagt auf einmal wieder laut: „Auf der anderen Seite kann sie vielleicht dadurch ihren europäischen Erfolg jetzt aber auch mehr schätzen. Weil sie durch ihre Narben immer dran erinnert wird, wo sie schon einmal war."

Das glückliche Paar ist in der Zwischenzeit wieder aufmerksamer geworden, sie finden es so wertvoll, wenn Menschen aus anderen Kulturen in Diskussionen miteinbezogen werden, und die Verena kommt erst richtig in Fahrt, weil, sie ist noch nicht fertig, ein anderer, die Verena hat noch ein konkretes Beispiel, ein anderer, der ist zwar ein Mann, aber trotzdem ein gutes Beispiel, der war zuerst auch nix, also der war wirklich nix, der war nicht einmal eine Putzfrau, der war nur ein Flüchtling, aber dann ist er in Paris mit nichts ausgestattet außer mit seinem afrikanischen Hausverstand auf einen Balkon geklettert und hat dort ein europäisches Baby gerettet. Wie eine Spinne ist er da raufgekraxelt, gruselig hat das ausgeschaut, wie beim Exorzisten, aber beeindruckend – jetzt, wo sie das sagt, fällt der Verena erst auf, wie viele starke Persönlichkeiten überhaupt aus Afrika kommen. Vielleicht liegt das daran, dass der Mensch ja ursprünglich aus Afrika kommt, auch wir, dabei schauen wir gar nicht afrikanisch aus, oder? Egal, Entschuldigung, sorry, aber nach zwei, drei Prosecco wird sie zum Philosophen, da kommt sie vom Hundertsten ins Tausendste, aber genau, darauf wollte sie eigentlich hinaus: Dieser Afrikaner hat dann den französischen Präsidenten besuchen dürfen und darf jetzt sogar Franzose sein, also wenn das kein berührendes Märchen ist? Aber was sie eigentlich sagen wollte: Das alles könnte die Assistentin vom Regisseur, die kleine Fee im Hintergrund, auch schaffen, wenn sie sich nur ordentlich durchbeißt; wenn der Regisseur ihr das bitte mit lieben Grüßen ausrichtet, und überhaupt, ob wir wissen, was das Gute daran ist: Seine Assistentin muss sich dafür gar nicht die Klitoris rausschneiden lassen – aber jetzt hören wir bitte auf, ständig Klitoris zu sagen, vor allem beim Essen –, sie wird nicht einmal eine Hauswand raufklettern müssen, weil sie war ja gar nie so weit unten, sie war ja gar nie ohne Klitoris – Herrgott, schon wieder dieses Wort! – und ohne wer zu sein unter einer Hauswand! Nein, die Assistentin ist ja schon in einem Haus und ohne fehlende K... Körperteile und als Assistentin auf die Welt gekommen. Gut, das ist jetzt zwar nicht viel, aber immerhin schon ein beachtlicher Startvorteil.

Langsam wird mir schwindelig, ich könnte mir ein Wasser holen, ein klares Glas Wasser, das wäre einmal was anderes, aber da kommt die erdfarbene Frau wieder vorbei, keine Zeit also wegzugehen, und ich nehme mir einen leeren Becher und schütte Prosecco rein, der schon leicht abgestanden schmeckt, vielleicht könnte ich die erdfarbene Frau jetzt ansprechen, sie lächelt auch und sagt ein leises „ja genau“, das sich aber wohl auf die Verena bezieht, weil die schaut sie jetzt an, während sie ein paar Plastikbecher zusammenräumt. Was heißt da jetzt: „Ja genau“?! Die Verena hat das ganz genau gehört. Die erdfarbene Frau fragt, na ja, sie meint nur, ob die Verena nicht leicht reden hat aus ihrer privilegierten Position heraus? Die Verena schaut ihr nach und findet das unglaublich. Das ist schon eine gewisse Frechheit, die hat ihr jetzt doch tatsächlich Rassismus unterstellt, oder? Sie nimmt kopfschüttelnd noch einen Schinkenhaufen in den Mund. „Oder?!“

Das glückliche Paar nickt, ja eindeutig, das war eine Anspielung, ganz eindeutig, der Regisseur wägt noch mit einer Handbewegung ab, wie das gemeint gewesen sein könnte, die Verena soll sich aber keine Gedanken machen, die Meinung dieser Frau sollte keine Rolle spielen, man muss nicht jede Hysterie ernst nehmen, aber die Verena lässt das nicht auf sich sitzen und ruft der erdfarbenen Frau nach, dass es nicht so ist, dass sie davon nicht betroffen ist, sie kann sich sehr wohl hineinversetzen in schwarze Menschen, die nichts haben, erst letztes Jahr, auf der Firmenfeier bei ihrem Arbeitgeber war das Thema „Vielfältigkeit“ und da ist sie als Beyoncé gegangen!

„Nein, das gibt's nicht!", unterbricht das glückliche Paar und muss kurz zweistimmig „Halo" anstimmen, „äh sorry, hallo?", darum geht's nicht, es geht jetzt nicht um die Beyoncé, es geht jetzt um die Verena! Also bei dieser Themenparty ist sie als Beyoncé gegangen, weil sie die so unglaublich fesch findet, und da hat sie, die Verena, die an diesem Abend die Beyoncé war, an den Blicken ganz genau spüren müssen, wie das ist als Beyoncé und demnach als schwarze Frau, das war eine total intensive Erfahrung, und, nur zur Info, das war nicht so, wie das alle glauben, dass es total schlimm war, schwarz zu sein, nein, das war eine megawichtige und glamouröse Erfahrung, es ist so viel Bewunderung zurückgekommen – auch für Verena ihren Mut, boah, seitdem fände sie es megacool, wenn sie auch schwarz wäre, schwarze Frauen schauen so mega aus! Auf jeden Fall hat sie seit dieser Erfahrung einen anderen Blick auf solche Themen, sie bemitleidet schwarze Frauen eben nicht und will sie deshalb künstlich integrieren, nein, sie ist sich deren Sexyness bewusst, Body Positivity nennt sie das, ob die erdfarbene Frau das kapieren kann? „Ha?!", ist das jetzt klar, wie die Verena das gemeint hat? Aber die erdfarbene Frau ist schon längst verschwunden.

Vielleicht hätte ich meiner Schwester das Marmeladeglas nicht an den Kopf hauen sollen – ich muss mich kurz an die Seite stellen, um Verena ihrer schrillen Stimme zu entkommen, das geht nicht, man kann nicht einen ganzen Abend direkt neben ihr stehen, das ist einfach zu viel. Ich gehe zum Schwungradschneider, ich könnte noch ein Schneiden vortäuschen, sodass ich einen Grund hätte, mich ein wenig abzusondern, es wäre auch eine gute Möglichkeit, die Petersilie zu entfernen, aber warum soll ich das machen, warum soll ich mich für die Unappetitlichkeiten des Regisseurs verantwortlich fühlen, so ein Petersilienstück sollte eigentlich sein und nicht mein Problem sein. Das mit dem Marmeladeglas war aber schon viel später, das hat mit einem Knuspern gar nichts mehr zu tun gehabt, es war lange, nachdem ich meiner Schwester den Kassettenrekorder, den ich mir gewünscht habe, zum Geburtstag geschenkt und mir wieder zurückgeschenkt habe, sodass es doch mein Kassettenrekorder war, in der Hoffnung, dass sie es nicht merkt, was sie aber gemerkt hat und mir nicht verzeihen hat können, dass ich etwas, was ich immer haben wollte, jetzt gehabt und nicht ihr geschenkt habe, was sie aber nicht auf sich sitzen hat lassen. Und so war, immer, wenn ich am wenigsten damit gerechnet habe, auf einmal eine selbst aufgenommene Kassette im Rekorder, entweder mit sehr unangenehmen Geräuschen, die sie beeindruckenderweise mit ihrer eigenen Stimme produziert hat, oder später auch durchaus gut und sorgfältig gemachte Dokumentationen, in denen sie detailgetreu erklärt, warum ich sehr hässlich bin, sodass ich irgendwann selber verwundert war, dass mir meine Hässlichkeit in dem Ausmaß noch nie zuvor aufgefallen ist. Ich kann ja gar nicht am Schwungrad drehen, fällt mir auf, weil nur mehr ein Rest vom Rohschinkenknochen in der Maschine übrig geblieben ist und ein Drehen am Schwungrad somit als Nichtwahrheit auffallen würde, ich überlege, ob es sonst noch eine Tätigkeit gibt, die als offiziell durchgehen würde, da gähnt mir jemand in mein Ohr. Es ist das glückliche Paar, das bald losstarten muss, es ist hundemüde, das war echt eine stressige Woche. Sie gähnen noch einmal ausgiebig mit geröteten Augen, ups, sorry, dass sie an mir angestoßen sind, sie berühren Menschen einfach gern, das liegt an ihrer herzlichen Art, Körperkontakt ist so wichtig, so distanzierte und kühle Menschen, wie ich es wohl bin, mögen das oft nicht, hey, gar kein Thema, sie respektieren das!

Aber sie haben, bevor sie losmüssen, noch eine inhaltliche Frage an die Verena: Ob die Verena mit ihren unterstützenden Worten vorher gemeint hat, dass sie da für so was wie eine Quote ist? Sorry für dieses Reizwort, es interessiert das glückliche Paar eigentlich auch nicht, dieses Getue, aber falls es die Verena noch nicht weiß, erzählen sie es einfach: Sie haben vor Kurzem ihr eigenes Business gegründet und wenn man sein eigenes Business gründet, muss man sich eben auch mit Fragen auseinandersetzen, die man persönlich unnötig findet, das glückliche Paar findet nämlich, man sollte sich vielmehr mit den wahren Problemen der Welt auseinandersetzen, ob sie schon erzählt haben, dass sie sich sehr für den Tierschutz einsetzen? Aber weil verschiedene Menschen ihnen, seit sie ihr eigenes Business haben, ständig so seltsame symbolhafte, gesellschaftsbedingte Fragen stellen, als ob sie, nur weil sie jetzt ihr eigenes Business haben, die Welt retten müssten, möchten sie eben der Verena diese lästige Frage auch stellen, jetzt, wo wir bei so provokanten Themen sind, es klingt, findet das glückliche Paar, als würde sich die Verena mit vielen Themen befassen und auch Kompetenzen darin aufweisen können.

Die Verena nickt eifrig, stellt einen Sesselkreis auf, in den sie jetzt das glückliche Paar und auch den Regisseur bittet, um das Ganze seriös zu besprechen, es ist der Verena wichtig, dass das glückliche Paar auch was mitnehmen kann von dem Gespräch, einen Kreis bilden, das kann dazu beitragen, das macht die Verena auch in ihren Teambesprechungen supergern. Das macht was mit einem, wenn man so im Kreis sitzt. Ich bin mir nicht sicher, ob ich mich dazusetzen soll, da ist noch ein freier Platz, aber ich könnte auch mit jemand anderem sprechen, aber die erdfarbene Frau ist nur von hinten zu sehen, sie unterhält sich mit einem Mann, der sich als Friseur vorstellt, ich erahne Gesprächsfetzen, vielleicht kann ich da teilnehmen oder wo ganz anders, die Auswahl ist groß, aber die Rücken dieser vielen lachenden Menschen, die in meine Richtung schauen, bilden eine dunkle Einheit, zu der ich nicht durchzudringen vermag. Ich setze mich also auf den freien Sessel, aber nur mit halbem Körper, es muss ein unauffälliges Aufstehen gewährleistet sein, falls eine Notsituation eintritt, falls sich zum Beispiel doch eine interessantere Gesprächsoption ergibt oder der Sessel in Wirklichkeit für jemand anderen bestimmt war, wer weiß, also sitze ich halb in der Runde, nicke der Verena zu, die unaufhörlich redet, einen Sektkorken knallen lässt, den Sekt in Plastikbecher verteilt: „Prost!“, und wieder zur eigentlichen Sache kommt.

Natürlich muss die Verena jetzt eine Sache, nämlich die Frage des glücklichen Paars betreffend, schon richtigstellen, falls das vorher falsch rübergekommen ist: Natürlich ist sie, also die Verena, jetzt keine von denen, die jetzt anfangt, für Frauenquoten zu sein, oder irgendwas fordert, das sagt sie jetzt ganz bewusst als selbstbewusste, starke Frau. Weil sie schon der Meinung ist, selbst ist der Mann, und wenn andere Frauen sich jetzt ein bisschen was von ihr abschauen und einfach ein bisschen selbstbewusster verhalten würden bzw. einfach mutiger wären, dann wären auch Quoten nicht notwendig.

Der Regisseur, der wissend an einem Zitronengras kaut, nickt immer wieder mit geschlossenen Augen, murmelt, „mhm, mhm, mhm, mhm“ und: „Verstehe, Verena“ und wieder: „Got you“, darauf erhebt er aber doch seinen Zeigefinger, kneift seine Augen zweifelnd zusammen und sagt: „Ah“, da muss er jetzt schon einhaken, weil da ist er jetzt ganz anderer Meinung. Er ist da bitte nicht der Meinung der Verena! Das glückliche Paar schaut interessiert zum Regisseur, schade, dass es hier mehrere Meinungen geben muss, sonst könnte der Abend für das glückliche Paar endlich zu Ende sein, zermürbend, aber gut, dann hören sie sich eben an, was der Regisseur jetzt noch zu sagen hat, aber bitte nichts zu künstlerisch Provokatives! Der Regisseur setzt zu einer Ansprache an, in den Raum blickend, ob es nicht noch andere Interessierte gibt, die von seinem Wissen profitieren könnten. Er findet nämlich, dass Quoten schon eine wichtige Sache sind, das sagt er jetzt ganz bewusst als Feminist. Das glückliche Paar tauscht verwirrt Blicke aus, hört aber gerne zu. Also er als Künstler ist der Meinung, Quoten sind wichtig und vor allem richtig. Weil das Leben ist komplizierter, als die Verena das jetzt findet. „Verena, nicht falsch verstehen, ich schätze deine rustikale, volksnahe Meinung durchaus“, und er tätschelt ihr dabei freundschaftlich den Oberarm. Er, der Künstler, bewundert die Verena durchaus für ihr praktisches Geschick und dafür, dass sie sich mit so einer Frauenpower durchsetzen kann, aber leider ist nicht jeder Mensch, und vor allem nicht jede Frau, so stark wie die Verena. „Mhm, leider“, murmelt jetzt auch die Verena und nimmt geschäftig einen Schluck vom guten Sekt. Ganz viele brauchen da einen zusätzlichen Stupser von außen, viele, meint der Regisseur, brauchen so einen, er nennt es einen Kick ins kalte Wasser, viele Frauen sind ja so piepsmäusisch, aber er als Humanist glaubt gar nicht, dass das biologisch und angeboren ist, die Maus in der Frau, nein, nein, also an Biologismen hat er noch nie geglaubt, ob wir alle verstehen? Frauen werden nicht von Natur aus als Maus geboren, sie werden erst zur Maus gemacht, vom Leben und der mäusischen Erziehung, und müssen sich dann später selber mausern, um von der Maus zum Menschen zu werden, davor hat er übrigens größten Respekt, und dafür brauchen die Frauen oft Hilfe, ein kleines Sprungbrett, was eine Quote durchaus sein könnte. Also summa summarum sind Quoten top, allerdings, das muss er jetzt schon kritisch einwerfen, in der Kunst verhält sich der Sachverhalt wieder ganz anders. In der Kunst kann es schon passieren, dass Quoten over the top sind, da gibt er der Verena ausnahmsweise recht. Sowohl in der bildenden, in der er sich durch seine eigenen Kunstwerke, die er nebst seiner Arbeit als Regisseur anfertigt, durchaus als Experte bezeichnen würde, und in der darstellenden natürlich auch.

Das glückliche Paar und die Verena hören aufmerksam zu, die Verena schenkt allen eifrig Sekt nach, auch mir, ich nicke ihr zu, was gut ist, denn so kann ich eine aktive Teilnahme meinerseits zeigen, ohne was dazu sagen zu müssen, der Regisseur hört nicht auf zu reden, während mein Blick wieder zum Schwungradschneider schweift, der da völlig wurstverdreckt steht. Es ist interessant, dass Geräte erst auffallen, wenn sie verdreckt sind, und nicht, wenn sie sauber sind, dabei ist eine Sauberkeit ja viel schwieriger herzustellen als eine Verdrecktheit und müsste somit viel mehr auffallen.

Nun gut, vielleicht könnte man eine Lösung finden, meint der Regisseur, am Zitronengras kauend, er ist noch immer nicht fertig mit seinem Quotenvortrag: Vielleicht könnte die Quote eines Frauenvorkommens in der darstellenden Kunst immer der betreffende Regisseur festlegen, denn wie er vorher bereits erwähnt hat, kann ein Nichtvorkommen von Frauen auf Bühnen deren eigenem Schutz dienen. Bitte nicht alles ist immer gegen die Frauen gerichtet! Das glückliche Paar nickt eifrig. In der Regie und anderen Kunstformen hingegen wäre eine Quote völlig überflüssig, und nicht nur das, falsch wäre sie. Gerne holt er länger aus, warum: Nun. Der Grund für diesen Sachverhalt ist sehr komplex, wenn wir wollen, kann er ihn wie gesagt ausrollen, da hat er nämlich schon einmal ein großes Pamphlet geschrieben, das ist sogar viral gegangen, aber er fasst sich für uns kurz, er will uns nicht langweilen, ja, es ist schwierig, diesen sehr komplexen Sachverhalt in so einfachen Worten zu beschreiben, dass er auch für einfache Menschen wie uns zugänglich gemacht werden kann.

Der Regisseur geht zur Kochinsel, nimmt diesmal einen anderen, noch größeren Grammelknödel aus dem Autoklaven und sagt nur so viel: In der Kunst wären Quoten eine Gefahr! Das glückliche Paar nimmt einander besorgt an den Händen. Denn, nun ja, die Kunst ist hoch, und wenn wir in der Kunst, der hohen, stellen wir uns vor, eine Quote von zum Beispiel 50 % hätten, hieße das ja, dass die Hälfte der Kunst Schrott wäre, und wer braucht Schrott in der Kunst? Der Regisseur lässt diese Worte besonders lang nachhallen, dreht den Grammelknödel, der im trüben Partylicht glänzt, einmal in seiner Hand, atmet tief den fleischigen Geruch ein und versenkt den Knödel im Autoklaven. Stille. Selbst die Verena weiß nicht, was sie sagen soll. Das bemerkt auch der Regisseur, dessen Hände abwehrend in die Höhe schießen, nein, um Gottes willen, das hat jetzt völlig falsch geklungen, er hat das ganz anders gemeint, als er es gesagt hat, bitte ihm nicht das Wort im Mund umdrehen! Das heißt natürlich nicht, dass Frauen nicht in die Regie oder in die Kunst im Allgemeinen gehören, das wissen jetzt wohl alle, dass er als Künstler so etwas Primitives nie sagen würde, oder? ODER? Alle nicken artig, auch ich, obwohl ich nie vorgehabt habe zu nicken.

Was der Regisseur eigentlich sagen wollte, und ihm jetzt bitte nicht gleich wieder unterstellen, was er gar nicht meint, okay? Er meint doch einfach nur, dass Frauen wegen der mäusischen Erziehung, die er übrigens streng verurteilt, einfach nicht dafür gemacht sind, eine hohe Kunst herzustellen. Nein, das klingt schon wieder falsch, Herrgott, darf man denn wirklich gar nichts mehr sagen heutzutage? Der Regisseur nimmt einen kräftigen Schluck direkt aus der Zirbenschnapsflasche, die auf der Kochinsel steht, er ist schon ganz rot im Gesicht. Es ist viel komplexer gedacht, was er sagt, wir brauchen gar nicht so zu schauen! Aber das kann er jetzt wie gesagt nicht alles für uns ausrollen, da unter der Kochinsel, wir werden es noch alle sehen, ist noch ein ganzer Teig, den hat er eigentlich auszurollen, das ist immerhin eine Kochparty, da sollen Teige ausgerollt werden und nicht Themen, also hat er jetzt echt keine Zeit für solch emotionale Diskussionen, wir verstehen ihn ja erst absichtlich wieder falsch, warum tut er sich das überhaupt an, und ob wir jetzt endlich aufhören können, uns so aufzuregen und so hysterisch zu schauen?!, schreit der Regisseur mit einer sich überschlagenden Stimme und erneut aus der Flasche trinkend. Das glückliche Paar schaut sich betreten an und meint zum Regisseur, dass ja gar niemand etwas gesagt hat, ruhig Blut! Die beiden werden unruhig, bemühen sich um ein Gähnen, das wohl eine Gleichgültigkeit symbolisieren und alle anderen Gefühle überdecken soll, nur so kann ich mir das für diese Situation völlig unangemessen laute Gähnen erklären, sie strecken sich, nicken einander zu und verlassen unauffällig den Sesselkreis, was die Verena ihnen mit einem, „mah, hab ich einen Durscht!“ nachtut. Der Regisseur wird noch einmal ordentlich vom Zirbenschnaps durchgeschüttelt und spricht in sich hinein, ohne zu beachten, dass ich da noch sitze: „Wer bin ich eigentlich, dass ich mich bis zur Putzfrau runter entschuldigen muss?“ Er haut sich auf die Stirn, verlässt die Kochinsel, stolpert dabei über einen Plastikbecher, fängt sich fluchend und boxt mit einer Faust in seine Hand, bevor er in der anonymen Partymasse verschwindet.

Endlich ist genug Raum und ich kann mich mit meinem ganzen Körper auf den Sessel setzen und für mich wiederholen, um mich bei eventuellen späteren Gesprächen besser einzubringen: Also Quoten sind für die Verena unnötig, weil alle mehr so sein sollten wie sie, für den Regisseur sind Quoten nötig, weil alle mehr so sein sollten wie er und den Mäusen beim Mausern helfen sollten. Außer in dem Bereich, in dem er selber arbeitet, da sind Quoten eine Gefahr. Ich finde die Logik durchaus logisch und nehme jetzt auch einen Schluck vom Zirbenschnaps. Und während ich so sitze, im Sesselkreis mit mir, an der Zirbenschnapsflasche ziehend, erkenne ich im Augenwinkel schon wieder die aus dem Mund des Regisseurs abgesonderte Petersilie, die nicht aufhört, neben dem Schwungradschneider und den Rohschinkenresten zu existieren. Ein unangekündigtes Würgegefühl überkommt mich, das mich wohl daran erinnern will, dass der Regisseur vor mir schon aus der gleichen Flasche getrunken hat. Und während ich in die Flasche hineinspähe, ob sich vielleicht auch in ihr diverse Essensreste befinden, die man unter normalen Umständen nicht in einer Flasche erwarten würde, tun sich immer mehr Fragen in mir auf: zum Beispiel, warum der Regisseur sich auf einmal fürchtet, zu einer unteren Putzfrau zu werden. Wie kommt die Putzfrau auf einmal in seine Gedanken? Eine Putzfrau, kann ich nicht aufhören zu denken, während ich den Schwungradschneider und die Petersilie nicht aufhöre zu sehen und an der Zirbenschnapsflasche nippe, ist dafür da, dass der Schwungradschneider wieder in seiner unauffälligen Selbstverständlichkeit glänzen kann, wodurch andere Menschen, die nicht der Regisseur sind, kein Würgegefühl bekommen, weil sie sein aus dem Mund gefallenes Petersilienstück nicht sehen müssen. Eine Putzfrau muss dabei entscheiden, welches Reinigungsmittel sie verwendet, damit der Schwungradschneider, der, wie wir wissen, nicht billig war, nicht kaputt wird, eine Putzfrau muss gut auf sich achten, damit sie sich beim Schwungradschneiderputzen nicht ihre Hände abschneidet, so was kann eine diffizile

Angelegenheit sein, eine Putzfrau muss außerdem darauf achten, dass der Schwungradschneider so sauber wird, dass er nicht in seinen Ecken und zwischen seinen Rädchen unauffällig vor sich hin zu faulen beginnt, was zur Folge haben könnte, dass sich im Partykeller unappetitliche Krankheiten ausbreiten würden, was wiederum zur Folge hätte, dass alle Partygäste krank werden würden oder es gar keine Party im Partykeller mehr geben können würde, das wiederum heißt, dass eine Putzfrau, die übrigens nicht zwingend eine Frau sein muss, sondern auch ein Putzmann sein oder ein ganz anderes Geschlecht besitzen könnte, den wichtigsten Beruf überhaupt hat, durch ihr Putzen macht sie Partys möglich, was dem Regisseur doch sehr wichtig ist, das heißt, dass es keinen Grund dafür gibt, dass der Regisseur eine Putzfrau als etwas Unteres bezeichnet, oder meint, eine Putzfrau müsste sich für mehr entschuldigen als er, der Regisseur.

Und während ich beschließe, mir diese Gedanken, die bei jedem Schluck Zirbenschnaps immer überzeugender werden, sehr gut zu merken, um sie später dem Regisseur genau so zu sagen, was eine gute Idee ist, so kann auch ich beweisen, dass ich eigene Gedanken habe und sie mitteilen möchte, während ich mir die Gedanken also zu merken versuche, beobachte ich die Leute in der Partymenge, von denen ich einige schon gut kenne. Ein gemütliches Heimatgefühl überkommt mich, als ich die

Verena viel zu laut lachen höre, den Regisseur mit geschlossenen Augen nicken sehe und das glückliche Paar, das schon wieder am Gehen ist, dem Friseur noch schnell Näheres über sein Business erklärt, das es gerade gegründet hat. Für einen kurzen Moment gefällt es mir, da zu sein, aber zu niemandem gehören zu müssen. Diese Menschen zu kennen, aber kein Teil von ihnen zu sein. Und während ich für diesen kleinen, wirklich kurzen Moment friedliche Zufriedenheit in mir spüre, wirft sich mit einer Wucht die Verena mit einem: „Bist du deppert, jetzt bin ich fertig" auf einen der Sessel, legt ihre Füße auf einen anderen und leert ein Jägerbomb, das sie für sich mitgebracht hat. Auf einmal steht der Regisseur hinter ihr und massiert schon wieder ihre Schultern, was die Verena mit geschlossenen Augen geräuschvoll genießt. Woher ist der Regisseur so plötzlich aufgetaucht und warum sind da schon wieder wir drei? Man sagt ja, dass man in einem Leben immer wieder bestimmte Leute anzieht, ob man will oder nicht. An diesem Abend ist in meinem Leben genau das der Fall.

Der Regisseur setzt sich auf den Sessel, auf dem die Verena ihre Füße abgelegt hat, und legt diese auf seinen Schoß. Für eine kurze Zeit ist es ganz still um uns herum. Es sind nur wir drei. Nur irgendwo in der kochenden Partymenge hören wir Mixer, Messer und frisches Gemüse. Ein guter Moment, um das Gespräch in die Hand zu nehmen, ein guter

Moment, um dem Regisseur zu erklären, wie ich das mit der Putzfrau sehe, ein guter Moment, dass die beiden von mir etwas lernen können, ich nehme noch einen guten Schluck vom Zirbenschnaps und will ansetzen: „Du, aber eine Putzfrau …“, aber aus mir kommt: „Das mit dem Marmeladeglas war nicht meine Schuld, es war ihre Schuld, ich hab ihre Stimme nicht mehr ertragen!“ Die Verena und der Regisseur schauen mich und dann einander an, brechen in schallendes Gelächter aus, köstlich findet mich der Regisseur, er findet, ich habe Humor, während mir die Verena über meine Wange zu streichen versucht, aber sie nicht ganz trifft, und feststellt, dass ein Glas Wasser wohl gut für mich wäre. Sie nimmt einen Plastikbecher vom Tisch, wirft, nicht mehr ganz koordiniert, dabei alle anderen Becher um und drückt mir ein Wasser in die Hand, das aber kein Wasser, sondern Prosecco ist. Ich lache auch laut, kann ja nicht schaden, nippe ein wenig und denke mir, dass das Marmeladeglas aber nicht der Grund war, dass meine Schwester nicht mehr mit mir spricht, weil meine Schwester und ich danach noch gemeinsam auf einem Konzert waren. Es war fast eher so, als hätte das Marmeladeglas, das auch für mich völlig überraschend auf ihrem Kopf gelandet ist, einen Ausgleich geschaffen, danach haben wir uns über mehrere Jahre gut verstanden, waren auf dem Konzert und haben uns Dinge erzählt. Es war eine lange Strecke der Harmonie, die nur von kurzen, immer sehr unerwarteten Momenten unterbrochen worden ist, zum Beispiel, wenn ich wieder zu sehr geschaut habe wie sie oder etwas bekommen habe, was sie wollte, einmal waren das Röteln, die haben alle in ihrer Klasse gekriegt, nur sie nicht, dafür ich, was sie mir nicht verzeihen hat können, woraufhin ich ihr ein Zitronensorbet zubereitet habe, aber selbst nicht verstanden habe, wofür ich mich da eigentlich entschuldige, was mich furchtbar wütend gemacht hat, das Sorbet habe ich ihr trotzdem gemacht, was zur Folge gehabt hat, dass ich ihre Stimme und ihr Knuspern, womit ich zwischendurch gut umgehen habe können, wieder nicht ertragen habe, selbst das Sorbet hat sie geknuspert, unerträglich, und natürlich habe ich ihr dann nicht erzählt, dass ich, als im Haus Mäuse waren, in ihren Schuh eine Mausefalle geben habe müssen.

Die Verena und der Regisseur sagen nichts, blicken nur nachdenklich in die Partymenge, ich tue es ihnen gleich und bin mir auf einmal nicht mehr sicher, ob ich das mit dem Marmeladeglas gerade gesagt oder gedacht habe und nehme noch einen Schluck aus der halb leeren Proseccoflasche. Es tut gut, kurz nicht zu denken, es tut gut, dass um mich herum niemand redet, so kann es kurz bleiben, der Prosecco prickelt fast schmerzhaft auf meinen Lippen, das tut wohl, ich halte das Glas an mein Ohr, höre die Musik, die der Prosecco nur für mich verursacht. Wenn ich jetzt auch noch den Geruch ignorieren und mir stattdessen ein klares Wasser vorstellen könnte, wäre es ein angenehmes durstlöschendes Geräusch.

„Haha, wird da noch immer so eifrig über die wesentlichen Dinge des Lebens diskutiert?“ Das glückliche Paar rammt mit vollem Gewicht meinen Sessel und ergreift meine Schultern, sie wollen gar nicht stören, wollen sich nur kurz verabschieden, sie müssen echt los, es ist schon nach 22 Uhr, und seit das glückliche Paar sein eigenes Business hat, ist sein Schlafrhythmus wirklich total durcheinander geraten. Der Typ mit dichtem Haar und Nickelbrille steht auch wieder da, diesmal sind es Pistazien, die er in seiner Hand hält, und er erklärt dem glücklichen Paar, uff, man merkt, dass sie keine Kinder haben, sonst wüssten sie, was wahre Müdigkeit ist. Er gähnt und geht weiter, und die Verena ist echt interessiert an dem Business, das hat sie vorher vergessen zu fragen, was das eigentlich für ein Business ist, das das glückliche Paar da hat, klingt wirklich super! Okay, dann erzählt das glückliche Paar noch kurz, aber dann müssen sie echt los! Na ja, sie wollten schon lang aus dem Alltagstrott und dem Funktionieren im System raus, dafür ist das glückliche Paar einfach nicht gemacht. Sie haben dann auch viel über hochsensible Menschen gelesen und da sind sie ganz eindeutig betroffen. „Wie auch immer, ein Funktionieren im Radl sind einfach überhaupt nicht wir und darum haben wir gesagt: Hey, haben wir gesagt: Gründen wir doch unser eigenes Modelabel! Weil das sind einfach wir." „Mega", findet die Verena und „riskant" der Regisseur. „Ja, am Anfang war es echt pures Chaos und ein Wahnsinnsstress, aber jetzt, wo sich alles eingependelt hat, sind wir einfach nur superhappy." Das glückliche Paar gibt sich einen Kuss und lächelt zuerst einander und dann die Verena an, die jetzt fragt, was für ein Label und ob sie einmal was bei ihnen kaufen kann, sie bräuchte ein neues Business-Outfit, ob sie auch was im Pepita-Style haben? Und für gute Qualität und individuelles Design ist die Verena auch echt bereit, was zu investieren. Das glückliche Paar wird noch glücklicher und strahlt wie aus einem Munde: „Ein Trachtenlabel!" Die beiden strecken die Arme aus und zum Vorschein kommt an den Handgelenken jeweils ein Enzian-Armbändchen. „Also wir designen auch Schmuck und das ist unsere erste Kreation", lächeln sie und während sie mir ihr Handgelenk hinhalten, damit ich das Kränzchen auch wirklich gut sehen kann, atmen sie mir diesmal auf meine Haare, die jetzt rhythmisch im Nasenwind wehen. Und: Gerne fertigen sie der Verena ein ländliches Dirndl im städtischen Pepita-Style an. Bei ihnen sind die verrücktesten Kreationen möglich!

Die Verena ist wirklich megabegeistert und stört sich gar nicht daran, dass auch sie angeatmet wird, und auch der Regisseur sieht viel Potenzial in diesen ursprünglichen Ideen. Und die Verena natürlich gleich total neugierig, wie sie denn auf diese Idee gekommen sind, ein Trachtenlabel zu gründen, das ist ja die super Marketingstrategie, so neumodisch auf Tracht zu setzen, und Marketing ist schließlich alles, leider, auch sie verurteilt das, aber es ist halt so, Business ist Business! Das glückliche Paar erklärt, dass sie das Wort „Marketing“ im Zusammenhang mit ihrem Herzensprojekt, ihrem Baby, wie sie es immer nennen, gar nicht mögen, diese Idee kommt wirklich ganz aus ihnen selber, aus einer puren und kindlichen Freude an ihrem Heimatland! Das sind einfach sie! Ob sie kurz erzählen sollen, wie es dazu gekommen ist? Unbedingt! Die Verena voll in ihrem Element, sie liebt Erfolgsgeschichten: „Setzts euch halt noch einmal zu uns!“, und will schon eine Runde Grappa austeilen, aber das glückliche Paar ist echt auf dem Sprung, nur noch ganz kurz: Also.

Begonnen hat alles mit ihrem ganz persönlichen Kraftort. Jeder Mensch hat ja seinen persönlichen Kraftort, oder? Also begonnen hat alles mit ihrem persönlichen Kraftort im Salzkammergut. Da fahren sie jedes Jahr auf Urlaub hin, das ist so ein Wahnsinn dort! Und jedes Mal, wenn sie in ihrem Holzboot über den See schippern, stellt sich das glückliche Paar vor, dass ein Dinosaurierkopf aus dem Wald herausragt, so muss es vor Tausenden von Jahren gewesen sein und so ist es an diesem

Kraftort noch heute. Ja. Die Natur. Die gibt schon Kraft. Und diese urzeitliche Kraft wollen sie eben auch den autistischen Großstädtern mitgeben, wie sie sie nennen, ja, in der Großstadt schenkt sich niemand mehr ein freundliches Lächeln auf der Straße, so wie in einem urzeitlichen Dorf, und diese urzeitliche Dorfkraft will das glückliche Paar den autistischen Großstädtern jetzt zumindest in Form von Mode zurückschenken. Und weil die Mode in der Urzeit doch nicht so vorteilhaft war, haben sie sich dazu entschieden, mit ihrer heimatlichen Tracht nur bis in die vorteilhaften Urzeiten der 1950er-Jahre zurückzudringen. Die Schnitte von damals, die Stoffe! Einfach herrlich. Damals haben sich die Frauen und auch die Männer noch richtig hergerichtet. Und das glückliche Paar hat einfach so eine Freude am Herrichten. „Wie heißt denn das Label?“ Die Verena überlegt, ob sie davon schon einmal gehört hat. „Hausfrauensalon!“, das glückliche Paar nimmt einander noch fester an den Enzianhänden. „Mah, das klingt so lässig alternativ und großstädtisch“, freut sich die Verena über das gekonnte Marketing und der Regisseur lobt: „Diese freche Ironie. Das ist der richtige Umgang mit diesem leidigen Thema.“

Ich freue mich für sie, dass sie alle einer Meinung sind, will aber den Rest nicht hören, langsam wird die Luft dünn hier unten, da drückt mich das glückliche Paar in den Sessel, es hat noch nicht fertig erzählt: Die damaligen Schönheiten aus den 50ern kombinieren sie mit den modischen und inhaltlichen Frechheiten von heute, damit auch jeder was davon hat. Der glückliche Mann ist hierbei für das männliche Herrichten zuständig, das eine Lederhose beinhaltet, und so eine Lederhose kann man echt megafresh kombinieren mit einem T-Shirt oder einem Predigerbart von heute, das würde dem Regisseur auch gut stehen, falls er Interesse hat? Ob das glückliche Paar eine gratis Beratung anbieten darf im Gegenzug zum Partyabend? Man muss nicht immer ausschauen wie ein abgefuckter, schwitzender Künstler, man kann auch als Künstler Stil haben und ausschauen wie ein männlicher Mann und auf seine Schönheit achten. Und das heißt nicht, dass man dafür schwul sein muss! Nein, man kann seinen ursprünglichen langen Bart ganz männlich unter Männern in einem modernen Barber-Shop mit englischem Namen trimmen lassen und dabei in einer Männerrunde über Männerthemen reden, ganz in Ruhe und unter sich, ohne dass man gleich zusammengeputzt wird, wenn man bestimmte Dinge sagt, die ein Mann aufgrund seiner biologischen Veranlagung eben sagen muss! Und das heißt noch lang nicht, dass man deshalb irgendwie altmodisch ist. Nein, das Moderne und Weltoffene sind daran zu erkennen, dass der Frisiersalon früher ein Ort für frustrierte, tratschende Hausfrauen war und nur im orientalischen Ausland eine Oase für den

Mann, heute, heute kann man sich ganz männlich im österreichischen Inland einen männlichen Bart kämmen lassen von einem ausländischen Barber und dabei über ernstzunehmende Männerthemen sprechen, was wiederum zeigt, dass in der heutigen Zeit Tradition, Orient und Modernität vermischt werden können, wenn das nicht etwas Feines ist?

Irgendwie muss die Verena jetzt an den Gutenberg denken. Also an den mit dem Buchdruck. Der hat auch einen langen Bart gehabt, ob er den auch wo frisieren hat lassen? „Ja, bestimmt, aber es geht gerade um unser Business", das glückliche Paar findet das Verhalten der Verena nicht immer angemessen, aber die Verena lässt sich nicht unterbrechen in ihren Gedanken, da ist sie so der Typ, wenn sie was denkt, dann spricht sie es auch aus, und dazu steht sie, sie nimmt einen Schluck Prosecco und ist der Meinung, dass die heutige Zeit sie überhaupt sehr an die Gutenberg-Zeit erinnert, da hat sie nämlich erst vor Kurzem eine Dokumentation gesehen. Zum Beispiel ist bei uns das Internetzeitalter neu und damals war das Buchdruckzeitalter neu, ob wir da nicht auch eine Parallele erkennen? Es hat sich also damals wie heute etwas in der Kommunikation geändert und auch einen Bart gab es damals wie heute, auch das ist eine Parallele. Gut, dass sich gute Dinge nicht verändern oder zumindest wiederkehren dürfen. Und der Gutenberg, darauf wollte sie eigentlich hinaus, war echt eine geile Sau, der hat so was Erhabenes gehabt mit seinem langen Bart, der Martin hat jetzt auch einen langen Bart, weil er immer zu müde ist, seinen Bart zu stutzen, wird der immer länger, sein Bart, die Verena findet, das hat was, und wenn der Martin auch für die lange Bartpflege zu müde ist, darf die Verena den Martinbart bürsten, das ist eine sehr intime Tätigkeit, so ein Bartbürsten, das sollten alle Paare einmal ausprobieren, das ist noch intimer als eh schon wissen, auf jeden Fall denkt sich dann die Verena immer, dass der Martin fast so was Erhabenes wie der Gutenberg haben könnte, wenn er wollte, weil belesen ist er ja, wenn er nur nicht so fett wäre.

Ähm, ja genau, die Gedanken von der Verena sind echt superspannend, das glückliche Paar schaut einander leicht empört an, sie hätten da nämlich noch was zu sagen, also sie haben auch Rituale und finden diese vor allem in ihrem gemeinsamen Business, von dem sie aber jetzt wirklich noch fertig erzählen wollen. Weil jetzt kommen sie noch zur weiblichen Seite: Die Frau vom glücklichen Paar, das ist zwar privat, sie erzählt es aber trotzdem, verwendet gern Lockenwickler. Ja, sie mag es eben, sich die Haare so einzuzwirbeln wie in den 50ern, das ist ja wohl nichts Schlechtes, oder? Das glückliche Paar ist der Meinung, die glückliche Frau kann wohl weiblich sein und trotzdem stark. Also man kann wohl das weibliche Aussehen, die weibliche Weiblichkeit und die weiblichen Kurven aus den

50ern und auch die Ideale von damals, die das glückliche Paar in weiblicher Hinsicht aber schon wirklich verwerflich findet, genießen und leben und trotzdem erfolgreich sein, oder? Der glückliche Mann nickt eifrig und zeigt auf die glückliche Frau, die wohl das beste Beispiel dafür ist, dass man ein damaliges Ideal UND ein zeitgenössisches Business gleichzeitig besitzen kann. Das ist doch eigentlich perfekt, man kann ihr weder das eine Rückschrittliche noch das andere Postmoderne vorwerfen, warum werfen einem die Menschen von heute immer vor, dass einem nichts vorzuwerfen ist? Und wenn man ganz ehrlich ist – apropos Quoten –, arbeitet die glückliche Frau auch in einer Männerdomäne, immerhin ist der glückliche Mann ein Mann, das kann wohl niemand leugnen. Da muss sie sich auch durchsetzen können, nur sie braucht halt keine Quoten oder sonst irgendwelche lustfeindlichen Kampfvorbilder, nein, sie nimmt sich quotenlos ein lustvolles Vorbild aus ihrer Lieblingsepoche! Die Marilyn Monroe nämlich, die Marilyn Monroe, die hat sich in einer viel schwierigeren Zeit in einer Männerdomäne behaupten müssen, und diese Behauptung hat sie ganz allein mit ihrem Charme und ihrem Aussehen vollbracht, ob Intelligenz dabei war, sei dahingestellt, und so macht die glückliche Frau das auch, sie setzt sich beim glücklichen Mann mit ihrem Charme und ihren Kurven durch, wie die Marilyn das bei ihren Männern und in der

Welt gemacht hat, und die Marilyn war nicht nur stark, sondern auch wirklich schön in ihrem Leid, so schön anzuschauen, bis in ihren Tod hinein, den sie tapfer erlitten hat, und so handhabt das glückliche Paar das auch. Ein bisschen Stil sollte schon auch bei den Alltagsthemen vorhanden sein und dann lösen sich die Probleme auch ohne Extremismus.

Das glückliche Paar hat zum Beispiel gar nichts gegen das Unwort „Feminismus“, aber es findet, man kann den Feminismus auch stilvoll leben. Ein stilvolles Beispiel hierfür wäre, dass das glückliche Paar ein Dirndl designt hat, auf dessen Schürze in stilvoller Schrift der Schriftzug „I am a Feminist“ zu lesen ist. Der glückliche Mann erzählt stolz, dass das seine Idee war, so kann gezeigt werden, dass Feminismus auch schön ausschauen kann und nicht nur für den Kampf bestimmt ist. Der Regisseur stimmt dem zu und sieht im glücklichen Paar ein heutiges Ideal. Aber das mit der Modeberatung möchte er sich bitte trotzdem noch überlegen. Und er muss jetzt aber wirklich zurück zu seinem Business, haha, das war spielerisch gemeint, er muss hinter die Kochinsel, hinter den Herd sozusagen, sonst wird das heute nichts mehr mit dem guten Essen, auf das wir uns alle schon so freuen. Aber das glückliche Paar könnte doch in der Zwischenzeit mit dem Friseur reden, die beiden könnten ihn in puncto Barber-Shop beraten? Dem Friseur als herkömmlichem Friseur würde so ein stilvolles

Barbersein auch nicht schaden. „Nein, wir müssen echt los." Ich frage mich langsam, wie oft sie noch losmüssen, sie könnten einfach gehen, dann wären hier zwei Menschen weniger, was auch für mich die Situation einfacher machen würde, das glückliche Paar gähnt noch einmal, nimmt sich in den Arm, nickt einander zu, uff, jetzt müssen sie noch die Runde machen und „ciao" zu allen sagen, „Ciao sagen" gehört schon dazu, Manieren werden beim glücklichen Paar großgeschrieben, aber wirklich nur mehr kurz jetzt, gell, weil langsam ist echt Zeit.

Der Regisseur hat sich wieder hinter der Kochinsel eingefunden und holt gemeinsam mit dem Zweimeter-Mann im grau melierten Rollkragenpullover aus einem Fach unter der Kochinsel, das mir sehr geheimnisvoll erscheint, weil der Regisseur dort immer wieder etwas Kleineres oder Größeres hervorholt, das fällt mir nicht zum ersten Mal auf, einen runden, gelb leuchtenden Käselaib hervor. Vorsichtig legen sie ihn auf die Anrichte, die erdfarbene Frau klopft mit einer Gabel gegen ein Proseccoglas und kündigt den nächsten Programmpunkt an, unverzüglich geht ein Raunen durch die Runde, das zumindest die nähere Partyumgebung verstummen lässt. Der Regisseur riecht hingebungsvoll am Laib, er nimmt ein extra für diesen Käse konzipiertes Messer – darauf weist er eher für sich, aber mit Nachdruck hin, dass das nicht irgendein Messer ist, sondern ein speziell für den speziellen Käse entwickeltes Käsemesser – und schneidet mit großer Kraft in die dicke Käsehaut, dann ins Käseinnere, bis das erste Stück abgetrennt ist. Einige Partygäste haben sich in einem Halbkreis um die Kochinsel versammelt und beobachten, wie der Regisseur mit ganzkörperlicher Stärke den Käse schneidet, dabei kräftig ein- und ausatmet und so fest sein ganzes Gewicht auf das Messer stützt, dass sich dicke Schweißperlen auf seiner Stirn bilden. Ich weiß nicht, ob es am abgestandenen Prosecco liegt, der sich langsam, aber spürbar in meinem Körper ausbreitet, aber auch ich betrachte fasziniert, wie aus dem einheitlichen Käse regelmäßige Stücke werden, faszinierend, so ein Käse, und bin interessiert daran, was der Regisseur als Nächstes tun wird. Ich integriere mich in die Gruppe, die sich um die Kochinsel versammelt hat, und kann jetzt, wo ich so nah an den Menschen bin, riechen, dass ich nicht die Einzige bin, die einiges an abgestandenem Alkohol in sich haben muss. Ausdünstend, und einige leicht schwankend, warten alle gespannt, was jetzt wohl passieren wird. Das Käseschneiden ist für den Regisseur nun der Moment, um ein paar Worte an seine Partygäste zu richten: „Was bedeutet Kochen für mich? Warum lade ich euch, meine Freundinnen und Freunde, zu einer Kochparty ein?“

Die Menge verstummt und der Regisseur erklärt mit erhobener Stimme, erneut kraftvoll in den Käse schneidend, für ihn ist Kochen sowohl Leidenschaft als auch Entspannung. Für andere zu kochen ist nicht nur, ja, sagen wir vielversprechend, nein, es ist auch sexy. Sein Schneiden wird immer vehementer, aber die feste Käserinde vermag auch ein Regisseur nicht einfach so zu bezwingen, der Zweimeter-Mann im grau melierten Rollkragenpullover eilt zu Hilfe, drückt seine gewichtigen Hände auf die des Regisseurs, auch er errötet zunehmend, gemeinsam drücken sie das Käsemesser in die gelbe Haut, „ein Koch", fährt der Regisseur atemlos fort – seine Augen beginnen, sich ekstatisch zu verdrehen –, seine Stimme dramatisch anhebend: „Ein Koch ist eine machtvolle Person. Anbraten, einkochen – eine Macht, die nicht nur Männer besitzen!" Nein, seine Worte richten sich vor allem an alle starken Frauen dieser Welt! Das Weiße in den Augen des Regisseurs wird langsam sichtbar, er drückt immer fester in den Käse, seine Worte, schnaubt er animalisch, richten sich an alle Mütter, Hausfrauen und Bedienerinnen, an alle Pflegerinnen, die modernen Mägde aus Osteuropa, und vor allem an seine Lieblingsbedienerin, seine Nachbarin, die Gerti: „Ihr seid mächtige Frauen, denn ihr bestimmt, wie viel Salz in die Suppe kommt. Wahre Stärke bedeutet kein Davonlaufen vor der eigenen Bestimmung oder den Talenten, die man hat. Wahre Stärke entsteht durch inneres Wachstum, durch ein Verändern der eigenen Sichtweise. Also denkt an meine Worte: Wenn der dienende Akt des Bekochens und

Umsorgens anderer für einen einfachen Künstler von Nebenan, wie ich es bin, Leidenschaft und Entspannung, ja Selbstverwirklichung bedeuten kann, dann kann es das für starke Frauen, wie ihr es seid, erst recht sein! The Future is Female!" Mir wird schlecht, der alkoholische Geruch der Menschen um mich herum wird stärker, ich versuche ein Wasser zu finden, das könnte helfen, aber es ist kein Wasser in Sicht, also setze ich mich wieder in einen der Sessel, die jetzt frei sind, weil sich alle auf den Käse und den Regisseur konzentrieren, hier ist Luft, Luft, um zu atmen, es ist gut, ein bisschen Luft zu bekommen, wenn es schon kein Wasser gibt.

Der Regisseur und der Zweimeter-Mann im grau melierten Rollkragenpullover haben das nächste Stück bezwungen, der Regisseur hebt sein Käsemesser einer Trophäe gleich in die Höhe, tosender Applaus bricht aus, auch das glückliche Paar, das noch immer nicht gegangen ist, jubelt und will die öffentliche Situation nutzen, um auch etwas der Allgemeinheit mitzugeben: Also, wie einige vorher schon mitbekommen haben, hat das glückliche Paar sein eigenes Trachtenlabel gegründet, und weil auch sie starke Frauen richtig stark finden, vor allem, wenn sie nicht mehr leben, haben sie in ihrer neuen Dirndlkollektion eine ganze Serie den Frauen gewidmet. Erneut Applaus. Neben dem bereits vorhin im intimen Rahmen erwähnten jugendlichen Schriftzug „I am a Feminist" haben sie auch eine ganze

Reihe an Dirndlschürzen entworfen, auf denen die Bilder von starken Frauen abgebildet sind, die leider schon alle, und manche viel zu früh, von uns gegangen sind, die uns aber alle ein Vorbild sein können, da sie ihr Leben dem Leid oder anderen geopfert haben: angefangen bei der Marilyn Monroe, Romy Schneider über die Kaiserin Elisabeth, Mutter Teresa, die Bertha von Suttner bis hin zur Mutter Gottes sind alle dabei. Und – Surprise! – sie haben die Schürzen auch mitgenommen, also wer mag? Viele Partygäste drängen bereits nach vorn, um sich die Schürzen anzuschauen, während andere eifrig ihre individuellen Gerichte kochen. Etwas abseits der Kochinsel steht die erdfarbene Frau, die sich mit dem Zweimeter-Mann im grau melierten Rollkragenpullover unterhält, es schaut aus, als würden sie über Käse reden, weil sie auf den großen Laib zeigen und dabei nicken und gestikulieren, aber da hat die erdfarbene Frau eine Frage: Ob es eigentlich nur Schürzen mit Frauen drauf und für Frauen gibt, was ist mit den Personen, die sich weder als Frau noch als Mann definieren, gibt es für die keine stärkenden Schürzen?

Kurze Stille, der Regisseur schüttelt den Kopf, es kann an der Frage liegen oder an etwas anderem, was er gehört hat, es ist schwer zu unterscheiden, weil er gerade mit dem Friseur redet, dann geht das Gemurmel weiter, als hätte die Frage niemand gehört, aber die erdfarbene Frau gibt nicht auf, geht zum glücklichen Paar, tippt ihm auf die Schulter und wiederholt die Frage etwas lauter. Die Verena drängt sich vorbei: „Ja genau, jetzt passts dann aber auch wieder!“, sie zeigt mit ihrem Finger an ihre Stirn, das glückliche Paar lächelt verunsichert und versichert, dass das eine ganz originelle Idee für die nächste Kollektion wäre, sie halten das in Evidenz, suchen schnell nach einem Sektglas, klopfen dagegen und lassen verlautbaren: Also! Falls jemand von den Girls – das glückliche Paar unterbricht kurz, sucht etwas auf dem Handy und liest vor: „und all jenen, die sich als solche definieren“, oder wie sagt man da jetzt, ohne wen zu beleidigen? – wurscht, wo waren sie, also falls jemand von den Girls hier ein richtiges Fashion-Victim ist – an dieser Stelle unterbricht die Verena für ein lautes Jubeln –, einfach zum glücklichen Paar hervortreten, Bestellungen werden ab jetzt entgegengenommen!

Während sich immer mehr Partygäste um den Pop-up-Schürzenshop versammeln, wie die Frau des glücklichen Paars den spontanen Verkauf ihrer Produkte scherzhaft nennt, wäre es für mich ein guter Moment, unbemerkt zu gehen. Der Zeitpunkt, an dem auf einer Party Pop-up-Schürzenstände aufgebaut werden, kann als der Moment angesehen werden, eine Party guten Gewissens zu verlassen, man muss nicht immer bis zum bitteren Ende bleiben, und dass an diesem Abend noch etwas bitter werden wird, lässt sich spätestens ab diesem Zeitpunkt erahnen, man könnte gehen, unbemerkt, ohne sich zu verabschieden, man könnte, um nicht unhöflich zu erscheinen, zuerst den Weg zum Klo nehmen, das direkt auf dem Weg zum Kellerausgang liegt, man könnte zu sich selber sagen, man geht nur schnell aufs Klo, jeder Mensch muss einmal schnell aufs Klo, noch nie hat sich jemand dafür rechtfertigen müssen, auf einer Party schnell aufs Klo zu müssen, man braucht also kein schlechtes Gewissen zu haben, schnell aufs Klo zu müssen, und während ich unauffällig ansetze, Richtung Klo und somit Richtung Kellerausgang zu gehen, stelle ich mir vor, wie ich mich alleine in der Nacht zu meiner Schwester aufmache, und frage mich bei der Gelegenheit auch gleich, wo genau ich überhaupt bin und wie ich um diese Zeit von da wieder wegkomme, höre mich aber gleich wieder auf zu fragen und denke an die Zeit, als meine Schwester und ich älter geworden sind und uns nichts mehr an den Kopf geworfen haben, weder Worte noch Gläser, eine Zeit, in der wir zusammen getrunken und geredet haben, es war fast so, als hätte mir der in mir über die Jahre entstandene Hass auf ihr lautes Knuspern Respekt verschafft, sie hat sich sogar manchmal für ihr Knuspern entschuldigt, es war nicht mehr ich, die bewundert hat, es war vielmehr eine gegenseitige Faszination, vielleicht auch eine Faszination dessen, dass wir es geschafft haben,

Schwestern zu sein, so wie sie sein sollten, wir waren, wie wir sein sollten, nur mit einer ständigen unterschwelligen Anspannung, weil wir uns wohl beide gefürchtet haben, dass die andere wieder etwas falsch machen könnte, was man selber unmöglich hinnehmen wird können, und somit das Schöne wieder vergehen wird.

Das Schöne ist vergangen, so wie diese Party vergehen wird, und ich frage mich, ob mich irgendjemand auf dieser Party vermissen wird, wenn ich jetzt gegangen sein werde. Wird der Regisseur fragen, wo ich geblieben bin? Wird er an mich denken, wenn er das nächste Mal seinen Schwungradschneider bedient? Zu welchem Thema hätte die Verena noch meine Meinung interessiert? Wird sich das glückliche Paar fragen, welche Schürze am besten zu mir gepasst hätte? Und wird die erdfarbene Frau unsere nie begonnene Freundschaft ersehnen? Und während mich ein leiser Abschiedsschmerz überkommt, ich noch einmal liebevoll zu ihnen blicke und versuche, mich möglichst nebenbei davonzuschleichen, schrillt etwas Unerwartetes in mein Ohr und packt mich am Arm, es ist die Verena, sie bittet mich um meine Meinung, sie ist irrsinnig interessiert an anderen Meinungen, auch an meiner, sie liebt Diversity, meine Güte, warum ich denn schon wieder so verschreckt schau? Also ob ich auch finde, dass so eine Bertha von Suttner auf einer Dirndlschürze ein super Statement sein könnte, das piepsmäusischere Frauen als sie ein wenig stärken könnte? Die Verena stellt sich vor, dass sie eine am „Girls Day" tragen könnte, das ist ein Frauenspecial in der Firma, das aber keinen Tag dauert, sondern eine Woche, und in dieser Woche gehen alle Frauen ihrer Firma unentgeltlich auf eine Messe und ermutigen und informieren andere Frauen über ihren Beruf, um Frauen sichtbarer zu machen. Das ist echt eine Megaveranstaltung, da ist so viel Power, ein Wahnsinn, was entstehen kann, wenn Frauen einmal zusammenhalten und sich nicht nur anzicken, diese Stutenbissigkeit, die leider sehr vorherrschend ist, vor allem unter Frauen, ist überhaupt nicht das Ihre, wenn das mehr Frauen einmal von selber verstehen würden, wäre die Welt sicher ein megafriedlicher Ort, überhaupt findet die Verena, wenn sich alle Leute ein bisschen mehr so verhalten würden wie die Leute in diesem Hammer-Buch von der Bertha von Suttner, wie heißt das, genau, *Die Waffen nieder*, dann wären weder Quoten noch Kriege notwendig. Wie auch immer, was sie fragen wollte: Zu so einer selbstlosen Benefizaktion könnte eine Bertha von Suttner super dazu passen, oder?

Und wie ich mir überlege, welche Antwort ich auf eine solche Frage am besten geben könnte, solch eine Frage ist mir noch nie gestellt worden, also ist die Findung einer Antwort gar nicht so einfach, sehe ich im Augenwinkel, wie die erdfarbene Frau eine Schüssel aus dem geheimnisvollen Fach unter der Kochinsel hervorholt. Für einen Moment möchte ich zur Kochinsel gehen, um zu sehen, was noch alles in dem mysteriösen Fach ist, es ist erstaunlich, mit welcher Leichtigkeit und Selbstverständlichkeit ihm der Regisseur und jetzt auch die erdfarbene Frau die verschiedensten Dinge entnehmen, bleibe aber doch stehen, weil ich das Mysteriöse doch interessanter finde als dessen banale Auflösung, auch der Regisseur tritt zur Schüssel, schnüffelt hinein, dann schnüffelt auch die erdfarbene Frau hinein, der Regisseur gestikuliert, die erdfarbene Frau gestikuliert, so geht das noch eine Zeitlang, bis die erdfarbene Frau nickt, einen Holzlöffel nimmt und in dem Topf zu rühren beginnt, während der Regisseur mit etwas Abstand ihre Rührtätigkeit beobachtet. Die Verena, die meine Antwort nicht mehr abwartet, drängt sich an mir vorbei und zieht mich mit: „Gib dir bitte den Megasauerteig!" Das glückliche Paar lässt spontan seine Kundschaft stehen und eilt ebenso zur Kochinsel, alle schauen gebannt in die große Schüssel, der glückliche Mann fragt den Regisseur, ob er, also der Regisseur, denn den üppigen Teig gezaubert hat. Der Regisseur winkt ab, stellt sich hinter die erdfarbene Frau und legt ihr wertschätzend den Arm um die Schulter. Er ist nicht so der große Bäcker, setzt er an, während er in den zähen Teig blickt, das überlässt er lieber anderen, er ist mehr so Visionär, der sich bei zu banalen

Tätigkeiten schnell langweilt, und beim Backen, da braucht man doch nur zu rühren und zu warten, rühren und warten, rühren und warten. Eine Pause entsteht, seine Lippen deuten ein „Rühren und Warten“ noch an, bevor er viel zu laut ansetzt: „Beim Kochen jedoch bedarf es nicht nur der Kreativität, sondern auch des Wissens aus zahlreichen anderen Disziplinen.“ Dennoch ist Brot in seiner Einfachheit eine ganz wundervolle Bereicherung und wird seinen diffizilen Köstlichkeiten eine verlässliche Untermalung bieten. Er erteilt mit einer Handgeste der erdfarbenen Frau die Möglichkeit zu sprechen, die nun in ihrer ruhigen Art erklärt, dass der Sauerteig bereits seit fünf Tagen in der Schüssel gärt und heute der große Tag gekommen ist, an dem aus Teig Brot wird und das Brot zum guten Käse gegessen werden kann. „Als Mitternachtssnack“, ergänzt der Regisseur schmunzelnd.

Das glückliche Paar schaut in den blubbernden Teigtrog und redet mit der erdfarbenen Frau irgendwas über die Faszination der Entschleunigung, wer kann denn heutzutage von sich noch behaupten, sich für so etwas Einfaches wie Brot fünf Tage Zeit zu nehmen, das hat schon eine ganz eigene Qualität. „Fünf Tage Zeit zum Brotbacken!“, ruft der Typ mit dichtem Haar und Nickelbrille, der sich jetzt ein paar Rosmarin-Chips gönnt, diese Zeit hätte er auch einmal gern, aber seit er Vater ist, kann er nichts mehr für sich tun, seitdem ist er nur mehr für andere da, das können wir uns gar nicht vorstellen, was wiederum die erdfarbene Frau gar nicht hört, sie lächelt und rührt einfach. Die Frau vom glücklichen Paar ist total begeistert, dass sie eine Gemeinsamkeit mit der erdfarbenen Frau gefunden hat, weil sie nämlich, echt jetzt, das ist nicht gelogen, aber ein totaler Zufall, in ihrer Freizeit auch Sauerteig rührt, das macht sie so gerne und hat festgestellt, dass es immer mehr Leute gerne machen, so kann sie der heutigen Zeit durchaus etwas Positives abgewinnen, weil sie anscheinend echt nicht die Einzige ist, die in einem einfachen Sauerteig einen modernen, ja auch entschleunigenden Charme erkennen kann und keine antiemanzipatorische Abwertung, sondern eine ganze Gesellschaft dieses Umdenken gelernt hat. Das glückliche Paar findet gemeinsam, das ist ein guter Anfang für eine neue Gemütlichkeit, wenn nicht sogar für eine neue Ordnung. Die glückliche Frau und die erdfarbene Frau freuen sich über den meiner Meinung nach recht stark säuerlich riechenden Teig, lächeln einander an, während sie Worte wie Roggen verwenden, während ich einen leichten Stich in meinem Herzen fühle, ich war eigentlich die, die sich eine Gemeinsamkeit mit der erdfarbenen Frau gewünscht hätte, ich wollte die sein, die eine Seelenverwandtschaft mit jemandem entdeckt, aber ich kann noch immer keine finden, weder in einer Teigschüssel noch sonst wo.

Für die erdfarbene Frau ist es nun Zeit, vom Sauerteig abzulassen, er soll nun wieder ruhen und darf alleine quellen, das glückliche Paar schaut in die Schüssel hinein und findet, ein aufgequollener Teig hat so etwas Lebendiges, so etwas Gebendes, wie ein mütterlicher Bauch quillt der dicke Teig in die Welt hinein, um später seine Liebsten mit sich zu nähren. Während die Schüssel vorsichtig wieder in das Fach gestellt wird, begutachtet die Verena erneut die Bertha-von-Suttner-Schürze und ext währenddessen einen Zirbenschnaps, es ist die Flasche, aus der ich vorher getrunken habe und der Regisseur davor, ich bin froh, dass die Flasche jetzt leer ist und nicht zu mir zurückkehren kann. Sofort eilt das glückliche Paar zur Verena, ob die Schürze da eh keinen Fleck abgekriegt hat, und wenn, wäre das gar kein Problem, kann passieren, jeder feiert auf seine Art, aber he, die Schürze würde echt supergut zur Verena und ihrer starken Art passen! Echt jetzt! Das wissen sie, sie haben nämlich auch gerade *Die Waffen nieder* für sich entdeckt, ein supertolles Buch von einer superstarken Frau, und das ist jetzt definitiv ihr Lieblingsbuch, wegen des Friedens, der ihnen so wichtig ist, und wegen des Frauenaspekts. Die Verena fühlt sich bestärkt in ihrer guten Idee, die Schürze zu kaufen: „Ja, die war nämlich echt eine starke Frau, die Bertha von Suttner, da hab ich eine Dokumentation im Fernsehen gesehen. Der öffentliche Rundfunk bringt nämlich neben richtigen Themen in regelmäßigen Abständen auch Porträts über starke Frauen! Nämlich immer genau einmal im Jahr und immer genau am 8. März und immer über die Bertha von Suttner." Aber die hat das auch wirklich verdient, findet die Verena, weil sie stark war, und das ganz ohne Quoten, das merkt man in der Dokumentation und im Buch merkt man das auch. Und der Regisseur, der sich vom Käseschneiden und Teigbeobachten bei einem Gläschen Absinth erholt, meint, ja, ja, da ist er völlig bei ihnen, aber er als Regisseur bewundert eher die literarischen Figuren, die Nora zum Beispiel, die Nora aus *Nora oder Ein Puppenheim* von Henrik Ibsen, die bewundert er, wegen dem Feministischen und weil die auch stark war, die Nora, und das, obwohl sie erfunden war.

Und es ist das erste Mal seit langer Zeit, dass ich mich etwas zu sagen traue, aber langsam tun sich auf dieser Party wirklich viele Fragen auf, und ich frage, ob irgendwer von ihnen eigentlich auch Frauen kennt, die irgendwo vorkommen oder was schreiben, die es aber wirklich gibt oder die zumindest näher wohnen als in Afrika oder im 19. Jahrhundert. Da schauen mich alle völlig entgeistert an. Das ist ja immer die Schwierigkeit in Gruppen, am Anfang traut man sich nichts zu sagen, und dann vergessen alle, dass man auch sprechen kann. Und wenn man sich überwindet und doch etwas sagt, kracht die Stimme viel zu laut aus einem heraus, weil selbst sie nicht mehr damit gerechnet hätte, dass sie jemals wieder etwas sagen würde, und alle anderen schauen einen an, als wäre man ein Geist. Aber kein guter Geist, wie die Gerti zum Beispiel, sondern eher wie einer, den man nicht einschätzen kann, was verständlicherweise niemand so recht mag.

Die Verena greift schnell zum Grappa, den der Regisseur in der Hand hält, stößt mit ihm an, meine Güte, sie liebt Grappa! Und zum Regisseur: „Kannst dich noch erinnern? Damals, die Cliquenurlaube in bella Italia?" Nur das glückliche Paar schaut mich noch immer entgeistert an und wird ganz unruhig, was mich wiederum beunruhigt. Und sie erklären mir, ja schon, kennen sie schon, solche Frauen, aber die mögen sie nicht, weil die oft so grausliche Sachen schreiben und so böse sind mit der Welt und ganz unschön schreiben über Körper und Heimat, das hat ja nichts mehr mit stark zu tun. Weil da vergeht ihnen ganz die Lust auf Sexualität, die ja schön ist und eine Heimat auch, zum Beispiel die Landschaft in Österreich, die ist ja wirklich schön, das wird man wohl noch sagen dürfen, deswegen ist man noch kein Nazi, oder ein Pfarrer, ein Pfarrer kann auch gut sein und ein Dorf auch, und darum sind sie schon froh, dass die ganz modernen Frauen heutzutage wieder mehr so sind wie die ganz früher, das sieht man auch an den Frisuren, die Frauen von heute tragen wieder lange Haare und machen einen

Haarkranz, sie, die glückliche Frau, sie macht das auch und sie ist bitte nicht die Einzige, nein, sie hat nämlich in Berkeley studiert, und in Berkeley macht man das auch! Für einen Haarkranz braucht man also gar nicht alt zu sein oder eine Bäuerin, nein, man kann auch mit Haarkranz jung in Berkeley gewesen sein, nur eine Frau sollte man halt sein, und stricken tun wir auch wieder, wir Frauen von heute, auch wir jungen, und das alles ganz freiwillig und ganz modern und ganz ohne Wut, und die Schriftstellerinnen, die heutigen auf jeden Fall, die schreiben auch ganz oft wieder gut über eine Heimat und einen Pfarrer und fast gar nicht über eine Sexualität und wenn, dann wenigstens ohne Wut, die ist nämlich nicht notwendig, so eine Wut, gerade heute nicht, wegen der Gleichstellung, die heute schon fertig ist, was sie bei der Bertha noch nicht war und bei der Nora erst recht nicht, aber die haben sich ja auch nicht aufgeregt! Das glückliche Paar ist jetzt ganz außer Atem und nimmt sich noch fester an den Händen, schaut mich an, als würden sie mir ihre Hände am liebsten ins Gesicht schlagen, ich kriege ein bisschen Angst und schaue möglichst unauffällig zur Seite, das glückliche Paar sucht mit seinen Blicken verzweifelt Bestätigung bei der Verena, der man in der Zwischenzeit ansieht, dass sie nicht nur zwei Flaschen Prosecco intus hat und die offensichtlich nicht mehr fähig ist, Inhalten von anderen zu folgen, sie beginnt mit voller Konzentration und schweren, roten Augen, sich an den Rohschinkenresten zu bedienen – ich kann nicht anders, als sie dabei zu beobachten, weil jetzt auch sie mit ihren Fingern der Petersilie neben dem Schwungradschneider bei jedem Versuch, ein Stück Rohschinken zu erwischen, unangenehm nahekommt. Sie liest mit ihrem Zeigefinger einen Fleischfetzen sorgfältig auf, steckt ihn sich in den Mund, kaut ausgiebig und mit Genuss, drückt den gut befeuchteten Finger in das nächste Stück, lutscht an ihrem fleischbeladenen Finger und wiederholt diesen Vorgang mit einer erstaunlichen Akribie so lange, bis tatsächlich nur mehr die mittlerweile traurig vertrocknete Petersilie übrig ist, die die Verena keines Blickes würdigt.

Es ist schon seltsam, denke ich mir, während ich fast Mitleid mit der Petersilie bekomme, weil sie außer mir niemand wahrnimmt, es ist schon seltsam, dass etwas für mich so eine Wichtigkeit bekommen kann, was außer mir sonst gar niemand wahrnimmt. Niemand außer mir in diesem Raum weiß überhaupt von der Existenz dieses Petersilienstücks, zumindest soviel ich weiß, die Verena wischt mit ihrem Zeigefinger noch einmal über das Holzbrett, offensichtlich, um noch zumindest ein wenig restlichen Geschmack zu ergattern, mit jeder Fingerbewegung berührt sie fast die Petersilie. Der Schauer, der der Verena bei dem Gedanken, dass sie sie unabsichtlich erwischen und zerkauen und schlucken könnte, nicht über den Rücken rinnt, durchfährt nun meinen Körper, ein leichtes Würgegefühl überkommt mich, es ist schlimm, sich vorstellen zu müssen, dass jemand, der so nah neben einem steht, etwas in seinem Körper haben könnte, was vorher den Körper vom Regisseur verlassen hat, und ich frage mich, was schlimmer ist, die Petersilie tatsächlich im Körper zu haben, ohne das zu wissen, oder eine wissentliche Vorstellung davon zu haben, ohne dass es wirklich passiert. Da streift mein Blick unabsichtlich den der Verena, sie mustert mich leicht angewidert und mit zerzausten Haaren und Augen, die immer röter werden, jetzt ist es so weit, sie wird etwas sagen, etwas Großes wird aus ihr herausströmen, das leichte Zucken ihrer Mundwinkel verrät mir, dass viele Gedanken in ihr sind, die hinauswollen, der Regisseur hat sich schon längst wieder dem Autoklaven zugewandt und das glückliche Paar packt seine Schürzen ein und ist langsam wirklich am Sprung, beide gähnen und ziehen ihre Jacken an, das hätte eigentlich ich sein sollen, ich hätte die sein sollen, die eine Jacke trägt und auf dem Sprung ist, aber jetzt bin ich die Einzige, deren Blick die Verena erhascht hat, jetzt bin ich die einzige Zuhörerin, die Verena setzt mehrmals zu sprechen an, gibt wieder auf und dann, mit schwerer Zunge: „Das ist alles nur wegen diesem Internet. Ständig wollen alle irgendwas und immer so extrem öffentlich."

Also früher, in den 50ern, hat man, wenn man etwas hat wollen, gar nicht merken können, dass man es wollen hat, weil man es ja nicht wollen hat dürfen, demzufolge hat man es auch nicht wollen, ob ich diese Logik verstehe? In den 60er-Jahren, das war dann bitte etwas später, da haben die Leute auf einmal angefangen, etwas zu wollen! Gut, da hat sicher auch die Alice Schwarzer eine gewisse Mitschuld, das lässt sich bestimmt nicht leugnen, aber damals haben die Leute wenigstens noch auf die Straße gehen müssen oder in die Uni schei-ßen, dass das irgendwen interessiert hat. In den 90ern, also zu ihrer Zeit, zu Zeiten der Verena, da hat man einen analogen Kettenbrief ausgeschickt, wenn man etwas wollen oder nicht wollen hat, oder eine Briefbombe, aber in der heutigen Zeit muss ja wirklich niemand mehr irgendwas tun, aber trotz-dem hört niemand auf zu wollen. Es hört nie auf! Die Verena spricht schon ziemlich undeutlich, sie zieht noch einmal an der Grappaflasche und kommt auf mich zu, viel zu nah, und fragt mich ganz leise, ob mir das schon aufgefallen ist, dass sich Frauen bis jetzt immer aufgeregt haben, dass sie Frauen sein wollen und als Frauen auch vorkommen wollen, jetzt dürfen Frauen Frauen sein und auch vorkommen als Frauen, also manchmal zumindest, jetzt passt das wieder nicht, jetzt wollen Frauen auf einmal keine Frauen mehr sein und auch nicht Frauen ge-nannt werden, was sie Jahrhunderte lang wollten, jetzt wollen manche von ihnen auf einmal „he“ oder nix genannt werden und dabei trotzdem vorkommen, da stimmt ja irgendwas nicht, oder? Da ist ja irgendwo ein Widerspruch, oder vielleicht nicht?! Ich nicke schnell, in der Hoffnung, dass das dann alles war, die Verena wankt zum mauszerfressenen Sessel und lässt sich hineinfallen. Der Typ mit dichtem Haar und Nickelbrille schaut völlig entsetzt auf die Verena und vermutet, dass sie ein sehr unerfülltes Leben haben muss, er ist froh, dass er ein erfülltes Familienleben hat und somit nicht so sein muss wie die Verena, das ist ja auch nicht normal, oder, also wie alt ist die Verena, dreißig?, sollte da ein Charakter nicht schon fertig sein und nicht auf Partys in mauszerfressenen Sesseln hängen? Also mit dreißig war er schon längst Vater und ist nicht auf Partys in mauszerfressenen Sesseln gehängt, also wirklich, ein trauriges Bild.

Ich nehme ihm schnell ein paar Reiswaffeln weg und gebe sie der Verena, die sich die Waffeln gleich in den Mund stopft und dem Typen mit dichtem Haar und Nickelbrille, der kopfschüttelnd geht, hinterherruft, er soll seine Papp'n halten, „ja, echt, halt die Papp'n“, rutscht es auch mir heraus, aber ich soll auch meine Papp'n halten, weil die Verena ist noch nicht fertig: Also manchmal, manchmal kommt ihr echt vor, wenn man Frauen oder Schwulen die ganze Hand hinstreckt, wollen sie gleich einen kleinen Finger ... Wie? Egal, ich werde ja wohl verstehen, wie sie das meint. Da denkt sich die Verena manchmal echt, die sollen einmal alle nach Saudi-Arabien fahren, wenn sie dort so viel wollen würden, würde ihnen mindestens einmal die Hand abgehackt werden. Also sie zum Beispiel, die Verena, findet, als selbstbewusste und wirklich starke Frau hat man es nicht nötig, sich ständig in den Mittelpunkt zu drängen. Da steht man über den Dingen, wenn man wo mitgemeint ist, und braucht keine Extrawürschteln. Also sie hat nie Extrawürschteln wollen und genau deshalb ist sie heute auch die Rechtsabteilung von der Raika! Warum kapiert das außer ihr eigentlich niemand? Als wirklich starke Persönlichkeit denkt man sich im stillen, erhabenen Kämmerlein seinen Teil. Das ist ihre Meinung, wenn ich eine andere habe, hey, völlig legitim, nicht jeder muss mit jedem können.

Aber gut: Wenn der Martin Geburtstag hat und sie ihm eine SpongeBob-Torte backt, ist sie natürlich auch stolz im Internet und schreibt dazu: „Für meinen kleinen Schoko-Tiger." Aber die Verena meint jetzt gar nicht so was. Sie weiß jetzt auch nicht so genau, was sie da so genau meint, fährt sich hektisch durch die Haare, stürzt sich noch zwei Grappa runter, schluckt mit einer Kraft, atmet stöhnend aus, beißt in einen selbst gebackenen Schoko-Muffin mit silbernen Streuseln drauf, schluckt, nimmt noch einen Bissen vom Muffin, kaut, atmet dabei so intensiv ein und aus, dass sich die Haarsträhne, an deren Spitze sich ein silberner Streusel befindet, bei jedem Atemzug vor und zurück bewegt. Irgendwie passt das gut zur Minimal-Techno-Musik im Hintergrund, fast wie eine kleine Discokugel bewegt sich der Silberstreusel im Haar im Takt. Die Verena schiebt ihre Unterlippe vor, bläst auf ihre Haarsträhne, weil auch sie den Streusel entdeckt hat, erwischt ihn nicht gleich, drischt auf ihre Strähne und flucht: „Wah he, was ist das? Schleich dich!" Na sorry, normalerweise ist sie nicht so gereizt, vor allem nach ein paar Glaserln Prosecco, ein paar Glaserln Prosecco machen sie normalerweise einfach nur geil, da muss sie aufpassen, dass sie nicht gleich einen jeden herpackt, vor allem seit der Martin so fett geworden ist, aber bei diesem Frauengerede vergeht ihr echt die ganze Geilheit und übrig bleibt nur mehr so ein Zorn. Sie fährt sich immer wilder durch ihre Haare, versucht noch, einen Rest aus der Grappa-Flasche zu bekommen, „wer hat denn jetzt den ganzen Grappa ausgesoffen?!", schmeißt die Flasche in die Ecke. Na sorry, echt, aber es gibt einfach Leute, die machen sie so ... aggressiv. „Und was ist das da außerdem? Das Schwarze? Ein Cola?" Die Verena zeigt auf eine Glasflasche, schüttet sich das Cola in den Hals, dann, völlig außer sich: „Das ist ein Cola! Das ist bitte ein scheiß normales Cola! Warum steht dann bitte auch noch ‚Koffeinhaltiges Zuckergetränk' drauf? Sag einmal, glauben die alle, ich bin deppert?!" Sie nimmt einen Plastikbecher, in dem schon etwas Schwarz-Brühiges drin ist. Sie fischt einen Zigarettenstummel heraus und leert ihr koffeinhaltiges Zuckergetränk hinein und darauf noch ein offenes Dosenbier, sie beginnt zu trinken, so lange, bis der Schaum über ihre Hand rinnt. Also ich bewundere Leute, die so schnell trinken können. Dass sie gar nicht aufstoßen muss.

Ich bleibe ein wenig sitzen bei der Verena, die sich in ihrem Sessel zurücklehnt, die Augen schließt und tief ein- und ausatmet. Es ist gut, dass sie sich erholt, denke ich mir, sie war schon ganz rot im Gesicht, ich werde bei ihr sitzen bleiben, danach kann ich noch immer gehen, ich bleibe gerne sitzen bei der Verena, jetzt, wo sie nicht redet, und es ist auch für mich gut, für sie da zu sein, es ist wichtig, Aufgaben zu haben im Leben, und es ist schön, wenn diese Aufgabe ist, für jemand anderen da zu sein, vor allem in dem Wissen, dass dieses Für-jemanden-Dasein nur einen kurzen Moment dauert und kein Dauerzustand ist, weil ich, wenn ich gegangen sein werde, die Verena nicht wiedersehen werde, und so sitze ich und wache über ihren Schlaf, wie ich es auch bei meiner Schwester getan habe. Das ist erst ein paar Jahre her, es war damals, als sie zum ersten Mal schwanger war und ihr über Wochen eine Bettruhe verordnet worden ist, weil etwas in ihrem Uterus war, was nicht sein sollte, und ich habe ihr geholfen, die Zeit zu vertreiben.

Wir haben Halma gespielt und geredet, darüber, wie es sich anfühlt, wenn da etwas wächst im eigenen Körper, das irgendwann eine Person sein wird, und darüber, dass ihr ihr Mann, mit dem sie seit immer zusammen war, in Wirklichkeit zu fad ist, schon immer war, aber jetzt, wo sie wirklich bei ihm bleiben muss, fällt es ihr besonders auf, und wir haben ihr im Internet einen neuen Mann gesucht, einen, der weniger fad ist, den sie in Wirklichkeit nicht haben wollte, weil es in Wirklichkeit genau die Fadheit an ihrem faden Mann ist, die ihn für sie so gar nicht fad macht. Und wir haben viel gelacht damals und die angespannte Stimmung von früher fast vergessen. Ich muss zu ihr fahren, jetzt, damit ich zumindest für das zweite Kind von Anfang an da sein kann, sodass es sich nie vorstellen wird können, dass es mich nicht gibt, die Verena, die kann auch ohne mich, meine Schwester vielleicht nicht, mach's gut Verena, ich nehme noch einen Schluck Prosecco, schiebe mich an ihr vorbei, in dem Moment fährt ihr Oberkörper in die Höhe, ich schreie kurz auf und muss zur Seite springen, und die Verena, mitten in den Partyraum: „Diese Kampusch!“

„Wie bitte, was? Meine Güte, ich hab gedacht, du schlafst.“ Ich kenne mich nicht mehr aus, und die Verena erklärt mir, dass sie nicht schläft, sie schläft nie, das war ein kurzer Powernap, das macht sie in ihrer Firma auch, ein fünfminütiger Powernap und dann geht es schon wieder weiter mit ihren

Gedanken, das ist megaeffizient, ihre Gedanken, die hören eigentlich nie auf, und sie denkt sich – die Verena wirkt seltsamerweise auf einmal wieder ziemlich nüchtern, sie richtet sich ihre Haare und zupft ihre Bluse zurecht – und denkt sich, dass sie der Kampusch echt einmal gerne die Zöpfe abschneiden würde, obwohl sie gar keine hat, keine Zöpfe, aber wenn die Kampusch welche hätte, Zöpfe, dann würde die Verena sie ihr gerne abschneiden.

„Ähm. Alles klar bei dir?" Ich überlege, was ich sonst noch erwidern könnte, eine Situation, in der ich heute schon öfter war, und eine Situation, die ich noch immer nicht beherrsche, in dem Moment stürmen das glückliche Paar, das noch immer nicht gegangen ist, und der Regisseur auf die Verena zu, der Zweimeter-Mann im grau melierten Rollkragenpullover trägt Wasserflaschen und Waschlappen hinter ihnen her. Ob alles klar bei der Verena ist, das glückliche Paar drückt ihr einen Waschlappen auf die Stirn, ich sage, das habe ich sie auch schon gefragt, ob alles klar ist, ich bin mir nicht sicher, die Verena fragt in die Runde, ob allen eigentlich wer ins Hirn geschissen hat, was wollen die bitte von ihr, sie ist gerade am Philosophieren und Debattieren und dann drücken die ihr da ungefragt einen Schwamm ins Gesicht, sag einmal, wer ist sie eigentlich, der Jesus? Der Regisseur betrachtet seine Handflächen und ist sich ziemlich sicher, dass die Verena kein Jesus ist. Das glückliche Paar weicht einen Schritt zurück, sorry, sie wollten nur helfen, so sind sie einfach, wenn sie hören, jemand braucht Hilfe, wollen sie sofort helfen, und der Typ mit dichtem Haar und Nickelbrille hat vorher gesagt, der Verena geht es gar nicht gut, und wer anderer, nein, es war nicht der Friseur, es war die Person ... wurscht, irgendwer hat gesagt, da liegt die volle Alkleiche herum, boah, sie haben sich solche Sorgen gemacht! Der Regisseur betrachtet noch immer seine Hände und blickt zwischendurch zur Verena und dann in den ganzen Partyraum, wohl, um das Geschehen zu überblicken. Die Verena fragt, was die eigentlich glauben, sie ist ja nicht irgend so eine beliebige Tussi aus dem Straßengraben, die nicht weiß, was sie verträgt, die Verena weiß haargenau, was sie verträgt, und das ist einiges, sie lässt sich jetzt sicher nicht zum Opfer degradieren. Boah, das ist so ein megapeinliches Klischee, diese Frauen immer mit ihrem Opfergehabe, so eine ist sie nicht, sie ist eine starke Persönlichkeit und hat es nicht notwendig, sich mit irgendwelchen Aktionen in den Mittelpunkt zu stellen. Sie ist ja nicht, keine Ahnung, wer sie nicht ist, sie ist ja nicht die Kampusch, oder so. Ah ja, das wollte sie vorher eigentlich sagen, bevor das glückliche Paar ihr diesen Fetzen ins Gesicht geschmissen hat, danke übrigens, jetzt ist sie wieder munter. Die Verena und das glückliche Paar lachen herzlich über den unglücklichen Zwischenfall, so was kann passieren, sie haben ja Humor.

Ach, köstlich.

Ein kurzes Schweigen entsteht, in dem alle Beteiligten das Lustige noch ausklingen lassen können, kurz nachschmunzeln, um dann wieder nachdenklich zu werden.

„Boah, ja. Die Geschichte mit der Kampusch. Die war schon schön." Das glückliche Paar lächelt nachdenklich in den Raum hinein, während es sich im Arm hält, als würde es einer vergangenen Jugenderinnerung nachtrauern. Ja, ja, das wollte die Verena vorher eben sagen, sie kann sich auch noch sehr gut erinnern an die Geschichte, weil die beiden, also die Verena und die Kampusch, fast gleich alt sind. Sie hat als Kind immer das Gefühl gehabt, sie sind echte Freundinnen. Sie ist einfach ein irrsinnig empathischer Mensch, wenn sie wen zu oft auf Fotos sieht, dann freundet sie sich sofort mit der Person an. Da hat sie als Kind schon gespielt: „Ich bin Natascha Kampusch und werde entführt." Und später dann: „Ich bin Natascha Kampusch und werde entführt und vergewaltigt." Und noch später: „Ich bin Natascha Kampusch und werde entführt, vergewaltigt und zerstückelt." Und wie dann im Jahr 2006 die Natascha Kampusch aufgetaucht ist aus dem Keller war die Verena mit der ganzen Welt bewegt. Das glückliche Paar nickt zustimmend und setzt sich doch noch einmal dazu, jetzt, wo die Stimmung so nett wird, kann man noch ein bisschen bleiben, der Regisseur bittet die erdfarbene Frau, doch kurz die Runde zu machen und den Gästen zu sagen, dass sie herkommen mögen, es sollen alle an dieser Gemeinschaft teilnehmen, jetzt, wo es gemütlich wird. Er schneidet endlich ein paar Grammelknödel, die er, einen nach dem anderen, dampfend aus dem Autoklaven nimmt, auf dem Kuhholzbrett klein, bietet sie der Gruppe an und setzt sich dazu. Er mag das so, wenn es zur späteren Stunde gemütlich wird, da passen die guten Knödel gut dazu. Das glückliche Paar ist jetzt wieder an der Reihe, seine Erinnerungen zu teilen, und es sagt, dass es sich auch gut erinnern kann an sein Gefühl von Empathie, das es für die Natascha Kampusch empfunden hat, wirklich jetzt, es ist mit dem ganzen Gefühl mitgegangen! Die beiden wissen heute noch so gut, als wäre es gestern gewesen, nein, sie wissen es sogar so gut, dass es auch heute, ja sogar der jetzige Moment sein könnte, so gut wissen sie noch, wie ihnen die Tränen in die Augen gestiegen sind, wie noch live nach dem Schänder gesucht und später live berichtet worden ist, dass er sich freiwillig von einem Zug hat köpfen lassen. Das war für sie der Beweis, dass am Ende das Gute siegt. Das glückliche Paar ist ja von Natur aus auch eher empathisch, darum hat es applaudieren müssen, als es gehört hat, der Typ ist tot. Die beiden sind sich vorgekommen wie Angehörige von Mordopfern in amerikanischen Filmen, die bei der Hinrichtung vom Mörder zuschauen dürfen und dann, wenn er endlich im elektrischen Stuhl rattert, mit zugebissenen Zähnen flüstern: „Fahr zur Hölle, du Bastard."

Immer mehr Partygäste kommen mit ihrem selbst zubereiteten Essen hinzu, stellen ihre Tellerchen auf einen Tisch. Der Regisseur holt noch Grammelknödel aus dem Autoklaven, die nach dem langen Sieden den idealen Geschmack angenommen haben, und richtet sie hübsch auf dem Kuhholzbrett an, andere Gäste stellen ihre frischen Salate, Aufstriche, Rohkost und alles, was sie in den letzten Stunden zubereitet haben, mit ein paar Knabbereien dazu, bitte, sagt der Regisseur, es mögen alle zugreifen, alles ist für alle da. Die Verena nimmt sich ein buntes Potpourri auf ihren Teller und ist jetzt ganz berührt und sagt, ja sie hätte auch nie geahnt, dass sie solche intensiven Gefühle haben kann. Das war wirklich bewegend, so bewegend alles, dass sie den Martin gleich herpacken hat müssen. Er ziert sich sonst ja immer so, aber da wollte er auch. Sie kann sich deswegen genau daran erinnern, weil da haben der Martin und sie auf der Couch die Nachrichten geschaut, sie haben gar nicht aufhören können, live die Nachrichten zu schauen, der Martin und sie, sie mögen gar keine Nachrichten im öffentlichen Rundfunk normal, die sind ihnen nicht neutral genug, aber an diesem Tag war das ein ganzer Nachrichten-Marathon. Und ausgerechnet den Moment, in dem die Natascha Kampusch zum ersten Mal vor die Kamera getreten ist, hat sie in besonders intensiver Erinnerung. Weil genau in dem Moment, wie sie da so verschleiert mit der Decke über dem Kopf ins Auto gestiegen ist und keiner gewusst hat, wie sie drunter ausschaut, da sind der Martin und sie zum allerersten und einzigen Mal in ihrer gesamten Beziehung im gleichen Moment gekommen.

Langsam passiert es, dass ich mir Dinge vorstellen muss, die ich mir nicht vorstellen will, ich könnte was sagen dazu, aber was soll ich sagen, wenn ich was sage, bin ich Teil des Gesprächs, und wer will schon Teil dieses Gesprächs sein, also nehme ich mir lieber etwas zu essen, etwas Leichtes, was keine Übelkeit verursacht, eine kleine Rohkost, knackig und frisch ist sie, und ich bin nicht die Einzige, die sich Dinge vorstellt, die sie sich nicht vorstellen will, weil auch das glückliche Paar findet: „Das ist jetzt aber schon sehr intim", ja, aber das war eben ein besonderer Moment für die Verena und den will sie jetzt mit uns teilen. Das ist voll okay, die anderen Partygäste freuen sich über so viel Offenheit, es ist wichtig, zu wissen, dass das, was man fühlt, auch andere fühlen, dann fühlt man sich nicht mehr allein mit seinen Gefühlen. Es ist fast eine Lagerfeuerromantik, die da entsteht, nur ohne Lagerfeuer und mit viel Essen in der Mitte, ich bleibe mit meiner Rohkostsellerie in der Hand aber doch lieber stehen.

Also bis dahin war das ja alles eine wirklich superschöne Geschichte mit der Kampusch, die dann auch gut ausgegangen ist, findet die Verena, fast wie im Film. Ja, jetzt, wo die Verena diese Geschichte dankenswerterweise aufs Tapet gebracht hat, fällt auch der jungen Frau neben mir, die ich vorher noch nie wahrgenommen habe, auf, wie sehr sie die Geschichte an die Geschichte erinnert, die der Regisseur vorher von der Gerti und ihren Grammelknödeln erzählt hat. „So schließt sich der Kreis", lächelt der Regisseur und muss kurz sagen, wie dankbar er für diesen Moment ist, er ist kein sentimentaler Mensch, aber er ist dankbar für diese Gemeinschaft, die sich bildet, die zeigt, dass es Einigkeit auch in dieser heutigen Zeit noch gibt. Ja, aber eines muss das glückliche Paar sagen, weil es glaubt nämlich nicht, dass das möglich sein wird, dass die Kampusch einmal so rein und stark sein wird können wie die Gerti, weil nach dem guten Geschichtsausgang hat sich die Kampusch ja in eine ganz furchtbare Richtung entwickelt, das muss man jetzt einmal ganz offen sagen dürfen. Ein Nicken geht durch die Runde, und auch der Typ mit dichtem Haar und Nickelbrille muss jetzt immer heftiger in seine Nüsse beißen, weil, das wollte er schon die ganze Zeit sagen, hat sich aber nicht getraut, aber jetzt traut er sich, er kriegt bei der Kampusch, wäh, allein der Name, wenn er den schon hört, da kriegt er immer dieses Gefühl, ja so ein Gefühl, das er nicht beschreiben kann, und er ballt mit seiner Nusshand eine Faust. Der Regisseur, der wieder für Knödelnachschub sorgt – alle haben einen gesegneten Appetit –, ergreift nicht nur einen Grammelknödel, sondern auch Partei: „Na ja, aber am Anfang war sie schon noch ein gutes Opfer." Aber das glückliche Paar: „Ja, aber dann ist sie plötzlich aufgetaucht so eigenmächtig und hat auch noch die ganze Zeit geredet dabei, wirklich, wie ein Buch hat sie geredet, und jetzt schreibt sie auch noch selber Bücher, und das ohne Schulbildung!"

Langsam werde ich nervös und versuche Blickkontakt mit der erdfarbenen Frau aufzunehmen, die aber ruhig im Abseits steht und das Geschehen beobachtet. Ich könnte was trinken, nehme eine Bierdose, die auf der Bar steht, sie ist aber leer, ich versuche es bei der nächsten, dann der übernächsten, die noch halb voll ist. Ich genehmige mir einen ausgiebigen Schluck vom abgestandenen Bier, während die Verena immer lauter wird und findet, wenn sie, also die Verena, jetzt ein Buch schreiben würde, würde das niemanden interessieren, und sie hat immerhin ein abgeschlossenes Jus-Studium! Ein zustimmendes Raunen geht durch die Partygesellschaft und die Verena ruft, außerdem ruiniert die Kampusch mit ihren Geschichten die ganze ursprüngliche Geschichte!

Der Regisseur bittet um ein wenig mehr Ruhe, weil auch andere zu Wort kommen wollen, bitte, der Friseur möchte auch etwas sagen, was meint er? Also der Friseur möchte sagen, dass alles Negative auch immer eine positive Seite hat, und die positive Seite an der Natascha Kampusch ist die Familie Fritzl. Weil er war erleichtert, wie dann zwei Jahre später die Frau Fritzl aus einem anderen Keller auferstanden ist, vielleicht hat das alles einen Grund gehabt, und auch die Verena muss zustimmen, denn es hat ja immer alles seinen Grund. Weil, da hat der Friseur recht, so hat die Frau Fritzl im Nachhinein den von der Frau Kampusch begangenen Fehler korrigieren können und hat vorgemacht, wie es richtig geht, das mit dem Entführtwerden und einfach so wieder Auftauchen, indem sie sich sofort freiwillig zurückgezogen hat ins Nichts und dort in Luft aufgelöst hat. An sie zum Beispiel braucht jetzt niemand mehr zu denken. Der Regisseur, der den Grammelknödel-Nachschub in mundgerechte Stücke schneidet, genießt es sehr, dass so eine einende Gemütlichkeit entstanden ist, das ist der Grund, bei allem Aufwand, warum er diese Feste veranstaltet, feierlich schneidet er in jeden einzelnen Knödel: „Ihr hat wahrscheinlich über viele Jahre einfach ein starkes weibliches Vorbild gefehlt. Weil wenn die Kampusch nämlich nicht so ein narzisstisches Vorbild gehabt hätte wie diesen Verbrecher“, „ja wirklich, dieser Verbrecher“, die Verena hofft, er schmort in der Hölle, auch einige andere Gäste stimmen ein bei diesem Wunsch, „sondern ein gutes Vorbild wie die Gerti und ihre Grammelknödel, dann hätte die Kampusch vielleicht gelernt, was wahre Stärke bedeutet." Dann hätte sie ihr Schicksal vielleicht demütiger annehmen können und hätte sich bestimmt dankbar und diskret ins Nichts zurückgezogen und wäre dort verpufft! „Genau", die Verena: „Und hätte sich nicht so egoistisch an ihrer eigenen Lebensgeschichte bedient, die ihr ein Fremder weggenommen hat und von der jetzt aber langsam wirklich niemand mehr etwas hören will!"

Mein Bier ist aus, und in mir entsteht ein Bedürfnis zu handeln oder irgendetwas zu tun, ich kenne diesen Zustand, es ist dieser Zustand, in dem mir früher das Marmeladeglas aus meiner Hand und auf den Kopf meiner Schwester gefallen ist, ich muss mich konzentrieren, nicht, dass so etwas wieder passiert, ich suche mir einen Fixpunkt, den Schwungradschneider, den will ich fixieren, nein, die Petersilie, die will ich fixieren, ein leichtes Würgegefühl kommt wieder in mir hoch, ich fixiere sie, und sie wird ganz groß in meiner Wahrnehmung, groß und leuchtend, und ich stelle mir die Gerti vor, wie sie Party gemacht hat im Dorf, wie sie jung und weißhaarig durch die Nächte getanzt ist, wie sie sich voll Freude durchs Dorf gepudert hat und einfach gemacht hat, was sie wollte, und wie sie jetzt über den Regisseur und über alle anderen lacht, die noch immer nicht kapiert haben, wie Freude geht. Ich muss für mich lachen und werde wieder ruhiger, nehme mir ein neues Bier, es muss das von dem Typ mit dichtem Haar und Nickelbrille sein, bestimmt sind Nussreste drin, ich will es ignorieren, ich brauche was zu trinken, damit ich mich endlich traue, laut zu sagen, „ciao, Leute, ich muss los, muss morgen früh raus!“, da erhebt die erdfarbene Frau plötzlich ihre Stimme. Die erdfarbene Frau, die schon die ganze Zeit auf ihre besondere Art erhaben, aber schweigend das Geschehen beobachtet – gut, dass sie da ist, es wirkt, als würde sie nur durch ihre Anwesenheit die Party im Griff haben –, sagt auf einmal den Satz: „Hey Leute! Die Natascha Kampusch kann bitte schon machen, was sie will. Ich mein, Österreich ist ein freies Land“, während sie in ihrer ruhigen Art in eine Paprika beißt. Schweigen entsteht, nur ein Krachen der Paprika ist da.

Es ist eine leise Enttäuschung, die durch den Raum geht, und irgendjemand murmelt, dass das wieder typisch ist, das ist immer so in unserer Gesellschaft, sobald sich endlich einmal alle einig sind und verstehen, kommt sicher wer daher, der absichtlich was dagegen sagen muss. Auch das glückliche Paar wird wieder unruhig, schaut zuerst einander und dann die erdfarbene Frau gereizt an: „Ja, schon“, findet es, „aber dann muss sie schon auch hinnehmen können, dass das ganze freie Land sich die Freiheit nimmt und sie kollektiv für ihre Freiheit hasst!“ Ja, wirklich! Das finden auch einige andere, der Verena kommt sowieso vor, man hat überhaupt keine Freiheiten mehr heutzutage, außer man ist das Opfer! Nein, also sie findet es eh wirklich legitim, dass jetzt alle ihre Meinungen dazu äußern, sie findet es megawichtig, dass alle eine Stimme haben dürfen, auch, dass sich die erdfarbene Frau mit ihren idealistischen Worten einbringt, aber wenn sie der erdfarbenen Frau zuhören kann, dann soll diese jetzt auch der Verena zuhören können und bitte eine andere, kritischere, kontroversiellere Meinung, die es auch geben dürfen soll, anhören können, eine Hand wäscht die andere, also was sie sagen wollte – auch der Regisseur bittet um Ruhe, die Verena soll ihren Platz bekommen!

Also die Verena hat sich total kritisch mit dem Thema auseinandergesetzt, es beschäftigt sie einfach so. Da weiß sie jetzt auch nicht, warum. Es beschäftigt sie so sehr, dass sie sogar einmal geträumt hat, und das sagt sie jetzt ganz unter uns, sie hat einmal geträumt, dass sie nach Strasshof gefahren ist und dort eigenmächtig im Fall Kampusch ermittelt hat. Der Traum ist so ausgegangen, dass sie das Baby von der Natascha, das es ja angeblich nie gegeben hat, von dem die Verena aber ziemlich überzeugt ist, dass es das doch irgendwo gibt, das arme Kind, das ist ja das wahre Opfer! Und da hat sie glatt geträumt, dass sie dieses Kind gerettet und dann live in einer Nachmittags-Fernsehtalkshow versteigert hat, und dann hat die Kampusch unter Tränen alles zugegeben und das Baby selbst ersteigert um exakt den Betrag, den ihr bis dahin ihre Bücher eingebracht haben, und dann hat alles wieder seine Richtigkeit gehabt.

Die Stimmung im Raum ist mit jedem Satz von der Verena angespannter geworden, eine seltsam einigende Unruhe ist entstanden, da ruft ein Partygast von ganz hinten, ich kann nur seinen Scheitel sehen, er ruft nach vorne, dass er das auch gelesen hat im Internet, das mit dem Kind, das ist Kindesmissbrauch, die Kampusch gehört am Scheiterhaufen verbrannt! Ein anderer stimmt ihm zu, ja, schade, dass es keine Hexenverbrennung mehr gibt heute! Okay, es reicht, ich gehe jetzt oder ich sage was, aber was, immer mehr Leute sagen jetzt was, ich weiß nicht mehr, mit wem ich reden soll – Ruhe! Der Regisseur bittet erneut um Ruhe und auch der Typ mit dichtem Haar und Nickelbrille findet solche Worte – bei aller Berechtigung – verletzend. Warum? Warum ist das jetzt verletzend, fragt das glückliche Paar, wenn sich wer freiwillig so in die Öffentlichkeit stellt, muss er halt auch mit den Konsequenzen rechnen, da gibt es immer Leute, die einen umbringen wollen, ist so, selber schuld. Und auch der Friseur muss zustimmen, es zwingt sie ja niemand zu irgendwas, zuerst groß in die Öffentlichkeit gehen und dann wehleidig wegen ein paar Morddrohungen sein, da fragt man sich schon, wie authentisch die ist. Meine Finger krallen sich in die Bierdose, ich suche nach den richtigen Worten, den wenigen Worten, die alle überzeugen werden, aber die Verena ist schneller als ich: „Die Johanna von Orléans, die war nicht so wehleidig“, das will sie uns noch mitgeben, das hat sie nämlich in einer Fernsehdokumentation gesehen, sie liebt Fernsehdokumentationen, sorry, das ist jetzt eigentlich ihr Punkt, sie hat manchmal so komplexe Gedankengänge. Also die Johanna von Orléans hat ja eine ähnliche Geschichte gehabt wie die Kampusch: Die war auch eingesperrt, zwar in einem Turm, aber auch eingesperrt. Und rhetorisch war sie auch geschickt, die Orléans, obwohl sie ein einfaches Proletenkind war, lustig, wie viele Parallelen die beiden haben, oder? Der Regisseur nickt interessiert, das wäre ein Thema für sein neues Stück, aber, und das ist der wesentliche Unterschied, ist die Verena noch nicht fertig: Die Johanna von Orléans hat dann Verantwortung übernommen und ihr Schicksal öffentlich angenommen wie ein Weihnachtsgeschenk und nicht verkauft und hat eine öffentliche Verbrennung hingenommen. Dabei hat sie vorher, und das ist vielleicht der wesentlichste Unterschied, was Richtiges geleistet! Was Nationales. Also die ist nicht nur im Keller gesessen und hat gewartet, sondern die hat Frankreich vor dem Fremden verteidigt!

Das glückliche Paar findet, dass das auch in der heutigen Zeit eine schöne Aufgabe wäre, weil das ja auch der Grund ist, warum die Johanna bis heute alle als Nationalheldin verehren, und eine Heilige ist sie auch, was der Natascha Kampusch mangels derartiger Leistungen leider nie passieren wird können. Die hat ja wirklich noch nie irgendwas für Österreich getan. Aber manchmal fragt sich die Verena echt, warum sie sich mit so was überhaupt beschäftigt. Weil wenn sie zu viel über so was nachdenkt, kriegt sie so einen bitterbösen Zorn und den kann sie ja jetzt auch nicht immer am Martin auslassen! Darum schaut sie sich in solchen Momenten zum Runterkommen immer das Begräbnis von der Lady Di an.

Schweigen.

Alle schauen auf die Verena.

Das Schweigen hält an, da schüttelt die erdfarbene Frau ihren Kopf und sagt leise, aber doch für alle hörbar: „Das ist ja krank.“ Es ist interessant, dass man in ihrem Gesicht nie erkennen kann, was sie mit dem Gesagten meint. Es könnte Verachtung sein, aber auch Zustimmung, sie könnte eine Meinung haben zu dem, was da vorgeht, oder auch keine, sie ist völlig uneinschätzbar, denke ich mir, da geht sie zur Kochinsel und holt aus dem Fach darunter erneut die Sauerteigschüssel hervor. Lang blickt sie hinein, „perfekt“, ein sanftes Lächeln huscht über ihr Gesicht, sie packt die Schüssel und beginnt zu rühren. Das Gesicht der Verena ist mit einem Mal versteinert, als hätte sie nach so viel Einigkeit nicht mit so viel Widerspruch gerechnet. Sie greift nach etwas zu trinken, schüttet es in sich hinein, krallt sich am Becher fest und flüstert nach einiger Zeit:

„Krank?“ Die Verena schaut die erdfarbene Frau mit roten Augen an, wobei ich mir nicht ganz sicher bin, ob das jetzt Tränen sind oder die mehreren Flaschen, die aus ihr herausschauen. Sie zwirbelt hektisch an einer Haarsträhne und sagt, dass sie das nicht okay findet. Ihre Stimme stockt, wobei ich mir auch hier nicht sicher bin, ob sie ein Weinen unterdrückt oder ihr einfach nur der Prosecco aufstößt. Auch die erdfarbene Frau wirkt besorgt und versucht zu besänftigen: „Hey, Verena, das war ja nicht …“

„Nein, bitte …“ Die Verena wehrt mit einer Handbewegung die erdfarbene Frau ab, schaut ganz betroffen, ja richtig verletzt um sich. Niemand sagt etwas. Sie findet das überhaupt nicht mehr witzig, dass sie da mit persönlichen Untergriffen zum Sündenbock gemacht wird, sie hat sich das weltfremde Gerede von der erdfarbenen Frau auch völlig wertfrei angehört, oder? Oder?? Das muss man wohl zugeben können, dass sie das gemacht hat?!

„Ja, eh, aber Verena, du musst schon auch zugeben, dass …“ „Können wir bitte kurz aufhören, mir den Mund zu verbieten? Nur kurz? Geht das? Das gibt’s ja nicht!“ Der Verena steigen jetzt wirklich Tränen in die Augen, ihre Stimme beginnt zu brechen, schnell stürzt sie sich noch einen halb vollen Becher hinunter, also sie hat es wirklich lang ausgehalten heute, diese ewigen unterschiedlichen Meinungen und Gegenaussagen, die immer wieder durchblitzen und seltsamerweise immer sie treffen, wenn sie offen ihre Meinung ausspricht. Eigentlich, falls es wer noch nicht weiß, ist das ihr gutes Recht, eine freie Meinungsäußerung, das sollte eigentlich ein Grundrecht sein, und ihre Vermutung wäre gewesen, dass heute, also diese Party, wo man unter seinen Liebsten und Nächsten ist, da hätte sie schon erwartet, dass das ein Safe Space ist, dass man da einmal abschalten kann, dass hier freies Sprechen gestattet ist, darum hat sie sich auf den heutigen Abend eigentlich schon mega gefreut, aber das, was da im Entstehen ist, ist echt unter aller Sau.

„Hey, Verena, sorry …"

„Nein, es reicht, okay? Ist alles nicht mehr lustig." Das erinnert sie echt an … nein sie sagt es nicht, egal. Auch der Regisseur scheint besorgt zu sein, bedeutet den Gästen ein wenig zurückzutreten, um der Verena mehr Raum zu geben, er legt den Arm um ihre Schulter und gibt ihr ein kleines Holzbrett mit dampfenden Grammelknödeln in die Hand. „Du kennst mich Verena. Und du weißt, ich weiß wenig mehr zu schätzen als die verschiedensten Meinungen, egal, wie diffizil oder eben rustikal sie auch sein mögen." Die Verena stopft sich die heißen Knödel in den Mund und wischt sich die Tränen aus den Augen. Sie schüttelt den Kopf, weil, also nein, also, sie versteht es einfach nicht. Warum darf jemand wie die Natascha Kampusch ohne Konsequenzen hinausplärren, was sie will, und kriegt dafür auch noch ein Haus geschenkt, und sie, eine einfache Verena, wird sofort als „krank“ bezeichnet, wenn sie sich kritische Gedanken macht und sich auszusprechen traut, was sich sonst niemand auszusprechen traut? Sie schaut verzweifelt in die Menge, die erdfarbene Frau schaut betreten in ihren Sauerteigtopf, einige nicken, das glückliche Paar nickt einander zum Beispiel eifrig zu. Die Verena fragt, ob eh alle wissen, wann das letzte Mal eine bestimmte Menschengruppe als „krank“ bezeichnet und dafür verfolgt worden ist? Kann irgendjemand außer der Verena hier eigentlich auch noch historische Bezüge herstellen? „Echt, Leute, lernts Geschichte.“ Sie putzt den Rest der Grammelknödel von ihrem Brett, da fällt mir auf, dass ich, zumindest in meiner näheren Umgebung, die Einzige bin, die noch keine Grammelknödel von einem Brettchen jausnet, und ich hoffe, dass mir das Angebot eines Grammelknödels erspart bleiben wird, weil der fleischige Dunst aus dem Autoklaven sich langsam intensiv mit dem Hautgeruch des ungelüfteten Partyraums vermischt, leichte Übelkeit überkommt mich nicht zum ersten Mal, frische Luft könnte mir helfen, aber ich stehe direkt neben der Verena, keine Chance, da wegzukommen, sie schüttelt noch einmal verletzt den Kopf, drückt ihre Finger gegen die Schläfen, atmet mit geschlossenen Augen tief ein und dann wieder aus und flüstert dem Regisseur zu, aber doch so, dass es alle, die um sie herum stehen, auch hören können: „Ich fühl mich echt wie in den 30er-Jahren."

Ein Gemurmel geht durch den Raum, ich muss was tun, muss handeln, wenn ich es schon nicht schaffe, aktiv zu gehen, muss ich es wenigstens schaffen, aktiv Stellung zu beziehen, rüge ich mich selbst, so geht das nicht, ich nehme noch einen Schluck Bier und werde den Moment nützen zu sagen, was ich mir denke, nämlich, ob sie sich selber eigentlich zuhören, ich werde sagen, dass sie alle da herinnen ein verlogener, privilegierter Verein sind, dass sie kein Recht haben, über das Leben von anderen zu urteilen, was sie nur tun, weil sie sich anscheißen, dass ihnen jemand ihre privilegierte Position wegnehmen könnte, was ich ihnen durchaus vergönnen würde, ich werde alles sagen, was man Richtiges sagt in so einer Situation, jetzt ist Stille, als wäre extra für mich ein Moment zu sprechen erschaffen worden, ich räuspere mich, hole tief Luft für die richtigen Worte und sage: „Die Gerti hat sich durchs Dorf gepudert und sie hat es geliebt!"

Alle starren mich an. Der Regisseur fixiert mich mit seinem Blick, er geht langsam auf mich zu, mustert mich von oben bis unten und fragt leicht schwankend: „Wer bist du eigentlich?" Ich weiche zurück: „Ich bin ..." Es ist ihm scheißegal, wer ich bin, fährt er mir dazwischen, wie komme ich dazu, das Wort „Gerti" in den Mund zu nehmen, überhaupt und noch dazu, wenn ich nicht einmal Teil der Gemeinschaft bin? Wie komme ich dazu, seine Gerti von einer Heiligen zur Hure zu machen, wer glaube ich eigentlich, wer ich bin, die Gerti in aller Öffentlichkeit slutzushamen?

Jetzt mischt sich der Typ mit dichtem Haar und Nickelbrille ein, er möchte hier etwas berichtigen, „slutshaming" hat der Regisseur in diesem Kontext nicht ganz richtig verwendet, „slutshaming" sagt man, wenn sich eine Frau absichtlich provokativ kleidet und die Gesellschaft dann meint, dieselbe Frau kann nichts dafür, wenn sie deshalb vergewaltigt wird, und das kann man der Gerti mit ihrem Mantelschurz und ihren praktischen Pantoffeln wohl nicht nachsagen, oder? Auch das glückliche Paar findet es unglaublich, dass ich es wage, aus der aufopfernden Gerti eine untere Hure zu machen, also das ist ja mehr als sexistisch! „Was? Nein, das hab ich nicht gemeint, ich wollte nicht die Gerti slutshamen, ich wollte überhaupt nichts gegen die Gerti sagen, ich wollte was gegen euch sagen, was ihr da abzieht, ist völlig gestört!", rutscht es mir schon wieder heraus, es wird einfach nicht besser, da erhebt sich die Verena, damit ich und alle anderen sie auch wirklich hören können: „Gestört? Aha, jetzt also nicht nur krank, sondern auch noch gestört?! Und das, weil wir hier offen über unsere Gefühle sprechen?! Authentisch sein ist in deiner Welt also gestört?!" Auch das glückliche Paar stellt sich zur Verena, sie finden die erdfarbene Frau und ja, auch mich wirklich unglaublich: „Das ist eine Hetze gegen jene starken Persönlichkeiten, die wir sind und die was verändern wollen!“ Die Verena wankt, hält sich gerade noch am glücklichen Paar fest und hat noch etwas zu sagen, und das kommt jetzt echt von da – dabei versucht sie auf ihr Herz zu zeigen, stochert aber knapp daran vorbei. Also sie will sagen, es macht sie wirklich sehr, sehr traurig, dass es sogar hier herinnen einige Leute gibt, die keine kritischen Gedanken zulassen. Das macht die Verena wirklich ganz, ganz traurig für unser ganzes, ganzes schönes Österreich.

„Ihr seid doch alle Nazis! Völlig geistesgestört seid ihr!“, ruft auf einmal erstaunlich laut die erdfarbene Frau von der Kochinsel herüber, nie hätte ich erwartet, dass die erdfarbene Frau so viele deutliche Gefühle haben kann, sie schleudert die Teigschüssel über die Kochinsel, die wundersamerweise am Rand, dadurch aber viel zu nah bei mir, stehen bleibt und weiterblubbert. Langsam weiß ich nicht mehr, ob das alles wirklich passiert, irgendwie scheint sich der Abend im Kreis zu drehen, ein Kreis, der immer kleiner wird und enger und stickiger, mir wird immer schwindliger, ein leises Würgegefühl überkommt mich, als der stechende Teiggeruch in meine Nase dringt und der nächste Grammelknödel in einer von Gefühlen durchschwitzten Hand an mir vorbeigetragen wird, ich habe das Gefühl, keine Luft zu kriegen. „Ha! Ja genau, wir die Nazis!", die Verena hofft, die erdfarbene Frau weiß, wer wann wem den Mund verboten hat und wer dabei die Nazis waren, sie sagt es nur, gell, völlig wertfrei. Dem glücklichen Paar wird das jetzt überhaupt zu viel, es wollte nur über seine Gefühle sprechen und jetzt wird es in irgendwelche Ecken gedrängt, ist denn echt Empathie für alle auf dieser Welt ein Fremdwort? Die beiden geben einander mit Tränen in den Augen eine innige Umarmung, unglaublich, was sich einige Leute leisten. Der glückliche Mann löst sich schmerzhaft aus den schützenden Armen der glücklichen Frau, um hier einmal ein Machtwort zu sprechen: „Das ist nicht nur eine Hetze gegen Menschen, das ist eine Hetze gegen Frauen!", erklärt er mit erhobenem Zeigefinger, wofür er große Zustimmung von der Partygesellschaft erhält.

„Huren, krank, gestört und jetzt auch noch Nazis und dabei geistesgestört?", der glückliche Mann wird noch deutlicher: „Attribute, die in diesem Kontext ausnahmslos Frauen zugeschrieben werden, das ist hochgradig sexistisch!" Er zeigt auf mich und die erdfarbene Frau: „Und so was kommt noch dazu nur von Frauen, wenn das ein beschränkter Mann sagen würde, dann okay, aber als Frau! Also da wundert einen ja nix mehr."

Der Regisseur nickt mit vollem Grammelknödelmund und zeigt auf mich, was ich durchaus als unheimlich bezeichnen würde, und auch alle anderen finden das sexistisch – ich kann langsam nicht mehr, der Sauerteiggeruch wird immer stechender – „Girls just wanna have fundamental human rights“, schluchzt das glückliche Paar und auch die Verena lässt sich von der erdfarbenen Frau ganz sicher nicht zum anderen Geschlecht degradieren, in welchem Jahrtausend lebt die bitte? Aber das lässt sich jetzt die erdfarbene Frau nicht mehr bieten: „Was weißt du über das andere Geschlecht? Hast du Simone de Beauvoir überhaupt gelesen? Ich schon! Und zwar ganz!“

„Was ist Simon de Was?“, die Verena checkt gar nichts mehr, aber da ruft die glückliche Frau dazwischen: „Was interessieren mich diese alten weißen Feministinnen!“, und wischt ihren Tränenrotz in den Ärmel des glücklichen Mannes, der ihr tröstend auf den Kopf tätschelt. „Ja, echt!“, das findet auch die Verena, sie geht ihren eigenen Weg, sie hat diesen ganzen Feminismus nicht notwendig, dann sollten alle Frauen eben mehr so sein wie sie, sie hat Sexismus noch nie erleben müssen, das ist ja nicht so schwer, den nicht erleben zu müssen, man muss ja nicht so sein wie die erdfarbene Frau, die rührt seit Tagen einen Brotteig an und redet fast nie, die ist ja sexistisch sich selber gegenüber, was sie, die Verena, ganz sicher nicht ist, sie kocht nie irgendwas selber, sie traut sich immer ihre Meinung zu sagen, auch in Männerrunden, sie ist eine Powerfrau, sie ist, wie sie ist, und das ist gut so, kann das die erdfarbene Frau vielleicht auch von sich behaupten?

Da mischt sich der Typ mit dichtem Haar und Nickelbrille ein, also er hat ja jetzt lang nichts gesagt, aber der Verena ihre Vorträge nerven langsam, und es ist wohl für alle ganz eindeutig, dass sie was zu kompensieren hat, oder? Vielleicht wäre es ganz gut, schlägt er vor, wenn sie ein Glas Wasser trinken und zu ihrem Martin nach Hause gehen würde, der wartet sicher schon auf sie. Und vielleicht entscheidet sie sich dann doch für eine Familie, auf ihn wirkt es so, als hätte die Verena eine Leerstelle in ihrer Seele, die sie mit einer Mutterschaft gut füllen könnte, eine Rolle, die auch ihrer korpulenten Figur ganz gut stehen würde. Da überkommt es auf einmal mich und ohne, dass ich mich näher darauf vorbereite, sage ich laut und bestimmt: „DAS ist übrigens Sexismus!“ Oh, es ist ein wohltuendes Gefühl, kurze, prägnante Wahrheiten auszusprechen, ich fange an, mich stark zu fühlen, aber das glückliche Paar, das sitzend im Sessel gelandet ist, erklärt mir, dass ich gar nichts zu sagen habe, das war nämlich nicht sexistisch, das hat nur was mit Natürlichkeit zu tun, die Verena ist immerhin schon um die dreißig, da ist so ein Hinweis wohl gerechtfertigt, sie sind noch jünger und tun auch schon eifrig basteln und siehe: Sie sind viel ausgeglichener als die Verena! Der Typ mit dichtem Haar und Nickelbrille erklärt mir, dass er meine

Wortwahl verletzend findet, das fällt ihm nicht zum ersten Mal auf, das triggert was bei ihm, meine nicht wertschätzende Wortwahl, und man merkt, wie weltfremd ich bin, denn wahrer Sexismus trifft Väter ganz besonders, weil wenn es mehr Frauen gäbe, die sich ordentliche Berufe suchen würden, die auch was wert sind, und weniger Frauen sich mit schlecht bezahlten Dienerjobs zufriedengeben würden, würde es auch in kinderfreundlichen Umgebungen mehr Männertoiletten geben, was ich eigentlich beruflich mache? „Sie verkauft Eis. Und das, obwohl ihr ihrer Bildung gemäß eine Unikarriere offensteht, die sie jedoch bewusst verschmäht." Der Regisseur geht langsam und süffisant lächelnd auf mich zu, warum weiß er plötzlich, wer ich bin? Boah, die Verena findet das ordentlich feig von mir und das glückliche Paar fragt mich, ob ich nicht auch ein Business gründen möchte, da verdient man zwar auch nichts, aber es klingt wenigstens besser. Der Typ mit dichtem Haar und Nickelbrille findet das ganz famos – so drückt er sich aus –, er wirft sich ein paar salzige Erdnüsse in den Mund, geht ebenfalls langsam auf mich zu, sodass ich seinen Erdnussatem gut vernehmen kann, er findet das ganz famos, laut „Sexismus" zu schreien, sich laut aufzuregen, dass Frauen ja so benachteiligt sind, und sich dann freiwillig zur Eismaschinenputzfrau zu degradieren, es ist immer das Gleiche! Sich aufzuregen darüber, nicht fair bezahlt zu werden, und dann keine Karriere in einem Beruf zu machen, der auch einen männlichen Wert besitzt, das ist ja mehr als verantwortungslos! „Ich will machen, was ich will!“, versuche ich mich zu rechtfertigen. „Ich will nicht in einem für den Mitte dreißigjährigen blonden Mann im Anzug hindesignten Job genauso frustriert und komplexbeladen auf und ab staksen wie der Mitte dreißigjährige blonde Mann im Anzug!“ Ob meine Argumentation so aufgeht, wie ich mir das vorgestellt habe, ist jetzt die Frage, aber ich bin noch nicht fertig: „Mein Job ist der warme Eislutscher, den sonst niemand hat! Er ist unangesehen, aber ich muss mich nicht aufopfern dafür, niemand würde mich für diesen Job jemals herablassend loben, dass er so eine Wichtigkeit hat, niemand würde das sagen und mich trotzdem schlecht bezahlen, niemand muss so tun, als würde er mich für diesen Job respektieren, dafür reicht das Geld auf der einen Seite und das schlechte Gewissen auf der anderen Seite nicht, dieser Job ist ein grader Michl, er ist ehrlich und direkt, er ist kein Job, der nach hoher Bildung klingt, aber schlecht bezahlt wird, ich krieg keinen Respekt dafür und niemand muss sich dafür schämen, mich nicht zu respektieren, von dem her gesehen eigentlich doch ein richtiger Sozialberuf, vielleicht hätt ich doch mehr Respekt verdient!“

Bitte wie?, was meine ich, aber stimmt auch, was ich sage, es macht Spaß zu sprechen, ich beginne, mich mächtig zu fühlen, so lange, bis ich sehe, dass mich unzählige verwirrte Blicke treffen, das glückliche Paar schüttelt den Kopf und findet mich erneut unglaublich. Es bewegt sich auf mich zu – was haben die alle, langsam wird es wirklich eng –, sie haben gewusst, dass da irgendwas nicht stimmt mit mir, sie haben von Anfang an so ein komisches Gefühl gehabt, sie haben einfach eine gute Intuition, ob ich eigentlich weiß, wofür ich verantwortlich bin? Nur weil ich tun will, was ich will, nur weil ich nicht ein paar Opfer bringen kann, nur weil ich den Biss nicht habe, in die Technik zu gehen, wie es Frauen auffällig selten tun, werden Frauen statistisch gesehen schlechter bezahlt! „Was geht euch das an, wie viel ich bezahlt kriege?", versuche ich das glückliche Paar herauszufordern, das immer empörter wird, und auch die Verena findet, würden alle Jus studieren, hätte niemand diesen ewigen Feminismus notwendig, sie sagt es ja immer.

„Oder man könnte sogenannte Frauenberufe auch ordentlich bezahlen und dadurch aufwerten", die Stimme der erdfarbenen Frau wird immer bestimmter, während sie in eine frische Karotte beißt. Der Regisseur verdreht die Augen und findet das wieder einmal einen sehr geglückten Zeitpunkt, dass seine Assistentin anfängt, etwas einzufordern, einen auf Widerstand zu machen, und da kapiere ich es erst: Die erdfarbene Frau ist die Assistentin vom Regisseur! Sie ist der Dreck, über den der Regisseur bei seinen Proben regelmäßig drüberfliegt! Ich komme so richtig in Fahrt, da hebt der Regisseur seine Arme, tritt neben den guten Essensgabentisch, denn es ist Zeit, dieser Hysterie ein Ende zu setzen. Er bittet geduldig, aber doch in seiner leitenden Strenge, die auch etwas Milde beinhaltet, zurückzutreten, was auch alle umgehend befolgen. Wasser rinnt in meinem Mund zusammen, aber nicht vor Appetit, ich habe das Gefühl, der ganze Raum hat sich schon in einen säuerlichen Dampf verwandelt, in dessen Mitte der Regisseur zu einer Ansprache ansetzt. Also wir haben heute gemeinsam schon wirklich viel über die Stärken der Frau und ja, auch über Sexismus reflektiert. Übrigens wunderbar, dass es so viel Raum dafür gibt, danke an alle, die das möglich machen. Das glückliche Paar umarmt sich, einige blicken lächelnd zu Boden, aber wir stehen kurz davor, dass diese wertvolle Diskussion, die ja an sich wichtig ist – bitte nicht falsch verstehen –, zu einem Opferdiskurs verkommt, und dabei blickt er besonders strafend die erdfarbene Frau an, die sich wieder abseits der Menge hingestellt hat. Ich bin eigentlich noch nicht fertig mit meinem Thema, aber der Regisseur ist schon ganz woanders, und mit ihm auch alle anderen. Darum bittet er, der Regisseur, jetzt um etwas, was Kraft und auch etwas Mut erfordert: Er bittet um einen Perspektivenwechsel. Denn, Punkt eins: Wir haben den Begriff des Sexismus bis jetzt nur einseitig besprochen, aber wie alles auf der Welt gibt es auch hier zwei Seiten, also was passiert – es ist nur ein kleines Gedankenexperiment, auch da bitte um Offenheit –, was passiert, wenn diese ewige Rücksichtnahme auf das andere Geschlecht in Sexismus gegenüber Männern endet, was sein geschätzter Freund – er zeigt auf den Typen mit dichtem Haar und Nickelbrille – bereits angedeutet hat? „Interessanter Gedanke", überlegen einige kritische Partygäste, und der Regisseur: Denn, Punkt zwo: Frauen sind nicht nur Opfer, Frauen können auch Täter sein. Und er sagt diese Provokation jetzt ganz bewusst, um Frauen zu empowern. „Yeah!", das glückliche Paar hat wieder zu seinem Glück zurückgefunden und auch sonst sind alle gespannt, was der Regisseur nun zu sagen hat, denn er macht jetzt etwas, was man von ihm noch nicht gekannt hat, er wendet sich mit einer ganz persönlichen Geschichte an uns. Denn nur um einmal die andere Seite zu veranschaulichen und um aufzuzeigen, was passiert, wenn es immer nur um die Bedürfnisse der einen, der vermeintlichen Opferseite geht: Ob wir eigentlich wissen, wie viele seiner Frauen ihm nicht nur einen Orgasmus schulden?

„Jetzt wird's aber langsam sehr intim." Der glückliche Mann wendet sich leise empört der glücklichen Frau zu, langsam sollten sie endgültig gehen, die glückliche Frau bringt ihn mit einer Handbewegung zum Schweigen, jetzt wird es interessant, sie hat schon gewusst, warum der Schlafrhythmus auch einmal durcheinanderkommen darf, sie hat manchmal so eine gute Intuition, das ist schon fast spooky. Und der Regisseur ist auch noch lang nicht fertig mit seinem Gedankenexperiment: Also, wenn er, der Regisseur und Künstler, sein Glied einem auserwählten weiblichen Körper zur Verfügung stellt – die Verena kichert in sich hinein –, also wenn er sein Glied einem auserwählten weiblichen Körper zur Verfügung stellt, können seine Hingabe und Leistung wohl mit einer Lust, einem zeitnahen Höhepunkt seitens der Frau wertgeschätzt werden, oder?, das ist ja wohl nicht zu viel verlangt, er verlangt ja selbst in diesem Fall nichts für sich, er verlangt doch nur für andere, warum weiß das überhaupt nie jemand zu schätzen, dass er ständig nur an andere denkt!

Seine Stimme erhebt sich immer mehr, er wirkt schon gar nicht mehr so ruhig, er spießt einen Grammelknödel auf seine Gabel. Aber nein, diese Frauen, die wollen immer mehr! Mehr, mehr, mehr! Die Gabel mit dem Grammelknödel zeichnet immer wildere Gesten in die Luft, mehr als sein Glied, die Verena soll gefälligst aufhören, so blöd zu grinsen, was kann der Regisseur dafür, dass sie seine gehobene Sprache nicht beherrscht, wahrscheinlich ist sie auch so eine, die immer mehr will, seine Frau, die Nackte da oben, die ist genauso eine, für die muss er auch ständig reinschuften wie ein proletuider Hackler, Schwerstarbeit ist das, und dann hat das – also falls das ihm zustehende Ergebnis eintritt – zumeist erst nichts mit seinem Glied zu tun, also kann man wieder von keinem wahren, ihm geltenden Höhepunkt sprechen. Eine Hand, einen Mund kann wohl jeder haben, aber so ein männliches Glied hat bekanntermaßen nicht jeder, oder hat das jeder Mensch, so ein männliches Glied? Der Regisseur glaubt nicht! Die Verena hört nicht auf zu kichern, aber auch ein Regisseur lässt sich nicht alles unhinterfragt gefallen: „Du lachst! Natürlich! Da lacht das einfache Volk!"

Er zeigt jetzt mit dem Grammelknödel direkt auf die Verena, ob sie eigentlich überhaupt nicht schnallt und wir anderen auch nicht, ob wir denn wirklich nicht kapieren, geht das in unsere bäuerlichen Durchschnittsschädel wirklich nicht hinein, dass auch der selbstloseste Mensch seine Grenzen ziehen muss? Zeigen muss, dass man selbst mit ihm, dem einfachen Künstler, nicht alles machen kann? Irgendwann muss man auch auf sich selber schauen und darum hat er eine folgenschwere Entscheidung getroffen: Seinen Körper kann niemand mehr haben, sein Körper gehört ihm, und wenn seine Freundin noch jahrelang nackt durchs Haus rennt, sie wird ihn nicht mehr kriegen, dieser Zug ist abgefahren, manchmal muss man auf dieser Welt Opfer bringen, selbst wenn daraus eine Entbehrung vor allem für andere entsteht. Ja, wir brauchen alle gar nicht so zu schauen – der Regisseur deutet mit seiner Gabel hektisch von einem zum anderen, Grammelknödelstücke schießen in die Luft –, es hätte nämlich auch ganz anders ausgehen können, andere, dumpfere, primitivere, noch immer im Patriarchat verhaftete Männer hätten eine ganz andere Strafe vollzogen, wären Amok gelaufen, um zu zeigen, dass ihnen ein natürliches Recht genommen wurde, was er, der Regisseur, nicht tut.

Dabei geht ihm normalerweise nichts über die Kunst, aber in diesem Fall hat sein Verantwortungsgefühl der Welt gegenüber gesiegt, ja, so ist er, ob wir das nicht sehen können, selbst in den bittersten Stunden denkt er mehr an das Wohl der Welt als an seine eigentlichen Bedürfnisse. Wenn es nach ihm gegangen wäre, nach seinem künstlerischen Instinkt, nach seinem Drang zur großen Geschichte, zur Poesie, dann hätten seine viel zu profanen Beziehungen nicht nur einmal in einem großen Beziehungsdrama geendet. Es hätten Tragödien werden können, im Stile der ganz Großen, Shakespeare, Goethe, Schiller, um nur einige seiner Vorfahren zu nennen, sie wären vor Neid erblasst, es hätten Tragödien werden können, die er gar nicht steuern hätte können, weil sie von Höherem gesteuert worden wären, aber er, der nicht nur Künstler, sondern auch Mensch ist, hat sich zum Wohle der Menschheit für die Menschlichkeit entschieden!

Einige werden unruhig und für das glückliche Paar scheint jetzt der Moment gekommen zu sein, wirklich zu gehen: „Komm, wir gehen."

„Nein, halt!", der Regisseur ist noch nicht fertig, ob sie das nicht kapieren können? Es wäre schon nett von ihnen, wenn sie sich seine ganze komplexe Meinung anhören würden und nicht nur Versatzstücke herausnehmen und die dann aburteilen, wie es in der heutigen Zeit ja leider üblich ist, die Welt ist im Gegensatz zum Internet nicht nur schwarzweiß! Also: Selbst in seinen nächtlichen Freuden denkt und handelt der Regisseur stets im Sinne des Wohles anderer. Gut, er macht es auch ein bisschen für sich, manchmal muss er sich eben neben dem ganzen Verzicht auch ein bisschen sichtbar fühlen dürfen. Manchmal, also manchmal geht er in der Nacht einer beliebigen österreichischen Frau hinterher. Nein, also das ist jetzt nicht so gemeint, wie es klingt – niemand braucht da gleich verurteilend zu schauen! Es ist spielerisch gemeint, um einen Lerneffekt zu erzielen. Er geht ihr also spielerisch hinterher, und wenn sie die Straßenseite wechselt, wechselt der Regisseur auch die Straßenseite, und wenn sie schneller wird, dann wird er auch schneller, und wenn sie langsamer wird, wird er schneller, aber nur so lange, bis er knapp hinter ihr ist, und dann macht er ein psychologisches Spiel, als Künstler hat man eben ein wahrlich außergewöhnliches Gespür für Psychologie, das man dann auch in seiner Freizeit anwenden kann, dann geht er also im Gleichschritt mit der besagten Frau, um zu testen, was dann passiert, weil rein tiefenpsychologisch gesehen sollte sie, das hat er in seinen freizeitlichen empirischen Studien verifizieren können, entweder losrennen oder sich panisch umdrehen, und wenn Letzteres passiert, wenn sich die Frau endlich zu ihm umdreht, ist das ein so gutes Gefühl, ihr zu zeigen, dass es sich hier um keinen fremdländischen Vergewaltiger handelt, sondern lediglich um einen kleinen, einheimischen Künstler, der einen ebenso kleinen, einheimischen Abendspaziergang macht. Stramm geht er dann an ihr vorüber, um zu zeigen, dass keine Gefahr besteht. So gehen beide Parteien als Gewinner aus der gefährlichen Situation heraus.

Alle schauen den Regisseur an. „Warum genau erzählt er das?“, das glückliche Paar kommt nicht mehr ganz mit, muss an seiner Müdigkeit liegen, und auch der erdfarbenen Frau reicht es langsam: „Es tut mir leid Leute, aber das wird mir echt zu …“

„Krank?!“, niemand hätte damit gerechnet, dass der Regisseur andere so gut hören kann. „Oder gestört?! Oder was hast du sonst noch so in deinem menschenverachtenden Sprachrepertoire? Bitte! Ich höre dich nicht! Was denn sonst noch?!“ Bevor die erdfarbene Frau reagieren kann, herrscht der Regisseur sie an, er wird sich wohl noch frei auf einer Straße bewegen dürfen, das ist ja ein Menschenrecht, sich frei auf einer Straße bewegen zu dürfen, es gibt schließlich eine Menschenrechtskonvention, in der das freie Bewegen auf Straßen verankert ist, oder glaubt die erdfarbene Frau vielleicht, dass es Menschenrechte in unserem Land nicht gibt? Oder dass die nicht für alle gelten, sind da Künstler vielleicht ausgenommen?

Damit kann auch endlich die Verena wieder etwas anfangen, dabei war sie sich fast nicht mehr sicher, was sie von dem, was der da daherredet, noch halten soll, der wird ja echt komisch, wenn er sauft, die Verena ist entsetzt. Aber als Juristin kennt sie sich gut aus mit Menschenrechten und sie sagt es auch in ihrer Freizeit immer: Gleiches Recht für alle. „Gleiches Recht für alle!", ruft ein anderer Partygast, was ihm einige wenige nachtun, der Regisseur winkt ab, denn die Verena ist noch nicht fertig mit ihrer juristischen Analyse. Der Regisseur, erklärt die Verena, kann in seiner Freizeit gehen, wann und wie er das will, wenn sich irgendeine Frau dadurch gestört fühlt, wann und wie der Regisseur geht, soll sie halt woanders gehen oder daheim bleiben, also sie, die Verena, sie braucht, nur weil sie eine Frau ist, keine Sonderbehandlungen, keine Extrawürschteln, die Verena sieht sich auf jeden Fall und auch ohne Extrawürschteln als freier Mensch und geht mit ihrem angeborenen Selbstbewusstsein immer dort, wo sie sich sicher fühlt, und wenn sie sich nicht sicher fühlt, dann bleibt sie eben zu Hause, was gibt ihr das Recht, andere in ihrer Freiheit einzuschränken?

Eigenverantwortung nennt man das. Warum denken die Leute eigentlich immer so kompliziert?

„Genau! Auf die Eigenverantwortung!“ Ein weiterer mir Unbekannter erhebt sein Glas, was sich einige andere zum Vorbild nehmen und es ebenfalls tun. Der Regisseur nickt dankbar für die Unterstützung, langsam hat er echt das Gefühl, alle sind gegen ihn. Außerdem muss er noch was ergänzen, vielleicht kapiert es dann auch der letzte Trottel, außerdem profitiert diese fremde Frau nicht nur von dieser Lehre, sondern auch von diesem Menschenrecht, sie könnte, so wie die Verena, schließlich auch auf jeder anderen beliebigen Straße gehen, wenn sie kleine Spielereien so wahnsinnig stören. Diese Frau kann froh sein, dass sie in einem Land lebt, in dem die Menschenrechte so weit fortgeschritten sind, dass sie auch für jede beliebige Frau gelten, dass auch sie als beliebige Frau selber entscheiden kann, wann sie wie auf welcher Straße gehen will, es könnte ja auch ganz anders sein, oder, es könnte auch sein, dass ihr diese Freiheit, die ihr ganz selbstverständlich gestattet ist, gar nicht gestattet wäre, so wie es in anderen Ländern schändlicherweise noch ist, also bitte denken wir einmal nach, worüber wir uns da eigentlich aufregen!

„Word!“, ruft ein Gast, die Verena nickt bestätigend und auch das glückliche Paar sieht diese Argumente ein und muss kurz applaudieren, was wieder andere animiert, es ihnen gleich zu tun. Nur die erdfarbene Frau steht teilnahmslos im Eck. Von der unruhigen Partymasse bin ich jetzt direkt neben den Regisseur gedrängt worden, ich sehe ihn direkt vor mir, wie er mit seinem Grammelknödel auf der Gabel nicht aufhört zu gestikulieren, es ist nur noch ein kleiner Fetzen übrig, den der Regisseur wegschleudert und der direkt vor mir landet. Langsam ist mir wirklich schlecht, was ich aber noch gut zu verbergen weiß. Ich kann durchhalten, irgendwann wird das wohl alles ein Ende nehmen, irgendwann hat noch jede Party ein Ende genommen, aber offensichtlich nicht diese, die Menge wird aufgebrachter, immer mehr Gäste scheinen im Gesagten etwas gefunden zu haben, was auch ihnen gefällt, die Menge rückt noch enger zusammen, mir wird immer schlechter, sämtliche Körper- und Raumgerüche vermischen sich zu einem, dringen ein in meinen Körper, bleiben in meinem Hals stecken, der Sauerteig hat inzwischen traurig sein Quellen aufgegeben und lehnt als brauner Schleim in seiner Schüssel – der Geruch –, ich will da raus, ich muss dem Ganzen ein Ende setzen, bevor sich die Partymenge zu einer einheitlichen Masse zusammenrottet, ich muss diejenige sein, die deeskaliert, wenn es außer mir niemand tut, ich muss es tun, jetzt und nicht später, und ich rufe mitten in den Tumult: „Ich hab meiner hochschwangeren Schwester in den Bauch gedroschen!"

Niemand reagiert, niemand hat mich gehört, ich rufe noch lauter: „Es war aus Freude! Wir sind auf ihrem Bett gesessen, haben geredet und Halma gespielt, wir waren endlich Schwestern, es war so harmonisch, wie es noch nie war, und ich hab sie besiegt, was auch noch nie war, ich hab mich so gefreut, dass meine Arme in die Luft geschnellt sind, aber meine depperte Schwester ist genau in dem Moment vom Bett aufgestanden und steht auf einmal hinter mir, wo sie normalerweise nie steht, und ich hau mit meiner Faust direkt in ihren viel zu großen Bauch! Sie ist auf den Boden gesunken, ich bin weggerannt, sofort, aus Angst, ihr Leben und ihr Kind zerstört zu haben, was ich aber nicht hab, so viel ist mir überliefert worden, aber sie hat sich nie wieder bei mir gemeldet, ich wollte mich ja immer melden, wirklich, ich wollte mich entschuldigen, aber dann ist immer mehr Zeit vergangen, und wenn ich mich dann entschuldigt hätte, hätte ich ihr Kind sehen müssen, dem ich pränatal schon den Schädel eingeschlagen hab, ich mein, das geht ja nicht! Und überhaupt, meine Schwester hätte sich ja auch einmal melden können, was sie nie getan hat, was zeigt, dass ich ihr Leben doch zerstört haben muss, und ich hab es ja schon einmal zerstört, mit dem Beginn meiner Existenz, und wer will das Leben einer Person zweimal zerstören? Also ich nicht!"

Während das alles aus mir herausbricht, bewege ich mich so wild, dass ich dem Regisseur einen ordentlichen Magenstrudel versetze, sodass er kurz torkelt, auf den Tisch fällt, der wiederum zerbricht, und der Regisseur inmitten des vielen Essens und der Holzteile am Boden landet. Grammelknödel zerplatzen durch das Gewicht des Regisseurs, ein deftiger Grammelknödelgeruch steigt auf, mit einem Mal verstummt die Partygesellschaft, da fällt mir erst auf, dass mir kein Mensch zugehört hat, der Regisseur liegt mit ausgestreckten Armen auf dem braunen, zersplitterten Holz im guten Essen und wimmert: „Mich dürstet!"

Ich überlege, wo ich jetzt Essig und Schwamm herbekomme, aber der Regisseur versucht nach seiner Assistentin zu brüllen, was aber nur nach einem leisen Wimmern klingt, die erdfarbene Frau eilt herbei, stolpert über einen herumliegenden Grammelknödel und fliegt über den Regisseur drüber, der laut und schmerzerfüllt aufschreit. Die erdfarbene Frau rappelt sich auf, streicht sich ihre erdfarbene Kleidung glatt, humpelt los, rutscht noch einmal fast auf einem Knödel aus und schreitet dann langsam und bestimmt durch die Partygesellschaft, die Menschen weichen zur Seite und schauen ihr nach, bis sie im Dunkel des Partykellers verschwindet. Die Verena fixiert mich und fragt, ob mir wer ins Hirn geschissen hat, ob ich eigentlich sehe, was ich da mit dem guten Essen angerichtet habe, das glückliche Paar, das die am Boden liegenden Reste einsammelt, „als Brunch morgen", steuert ebenfalls kopfschüttelnd auf mich zu, der Typ mit dichtem Haar und Nickelbrille erklärt mir, dass ich mit diesem

Gewaltakt eine Grenze überschritten habe, überhaupt richten sich immer mehr Augen auf mich, es ist erstaunlich, wenn ich nichts sage, bekomme ich die größte Aufmerksamkeit, ich weiche zurück und weiß, jetzt ist es vorbei. Jetzt komme ich ihnen nicht mehr aus, was sie wohl mit mir machen werden? Während mir die Masse folgt und ich langsam zurückweiche, sehe ich im Augenwinkel, wie die syrische Nachbarin des glücklichen Paars, die der Einladung zur späteren Stunde anscheinend doch noch gefolgt ist und die das Ganze offenbar für eine Kunstinstallation hält, weil sie einen Volkshochschulkurs über Hermann Nitsch besucht hat, begeistert ihre Menstruationstasse auf den Regisseur spritzt, während mich die anderen immer mehr zurückdrängen. Ich weiß nicht mehr, wohin mit mir, da, auf einmal, ersteht im Hintergrund etwas vom Boden auf, es ist der Regisseur. Blut rinnt von seiner Stirn, er erhebt seine Arme und seine Stimme: „Ich habe einen Traum."

Die Partygäste drehen sich um und verstummen. Da fällt mir auf, dass die Essensreste auf seinen Handflächen ausschauen wie Wundmale, das eine muss eine Beere sein, die jetzt von seiner Hand auf den Boden fällt, der Regisseur zuckt kurz zusammen, setzt dann aber fort: „In diesem Traum kann uns eine profane Gewalttat von außen nicht spalten. In diesem Traum gibt es: Einigkeit. In diesem Traum packen wir all unsere unterschiedlichen

Meinungen, Wünsche, Kompetenzen und – ganz wichtig – auch unsere Wut, die wir berechtigterweise spüren, denn so eine Wut, die kann etwas Wertvolles sein, denn nur sie kann aus dem kleinen Aschehäufchen des Frustes ein loderndes Feuer der Veränderung werden lassen – wir packen all diese unterschiedlichen, aber doch so einenden Gefühle in ein großes Päckchen und schleudern dieses Päckchen wie einen Blizzard in die Welt da draußen!" Es bricht wieder Jubel aus, mich haben schon längst alle vergessen, die Stimmung wird immer geladener, stechender Schweißgeruch schießt in meinen Körper, mein Körper, ein Gefäß, gefüllt mit stickigem Dunst, der aus unendlich vielen fremden Körpern in mich hineingedrungen ist und sich in mich hineinfrisst, ich kann nicht mehr, das Wasser in meinem Mund wird immer mehr, der Regisseur erstarkt durch den Jubel, ruft mit voller Stimme, was er noch zu sagen hat, und das ist viel, „denn wenn wir jetzt alle da gemeinsam rausgehen, dann können wir mit unserer gemeinsamen Kraft etwas bewegen und eine Welt erschaffen, in der uns niemand mehr verurteilt, in der keine Minderheit diskriminiert wird. Seien wir bedingungslos, seien wir schamlos, seien wir ohne Rücksicht, aber haben wir Rückgrat, seien wir: laut und entschlossen!"

„Revolution!", ruft die Verena. „Fuck hey, ich bin echt Teil einer Revolution", die Verena kann es gar nicht glauben und beginnt, sich mitsamt der Partymasse Richtung Kellerausgang zu bewegen, sie reißen jetzt auch mich mit, Magenwasser füllt meinen Mund, aber ich kann es noch zurückhalten, das glückliche Paar ballt entschlossen seine Fäuste, es ist direkt neben mir und atmet mir erregt ins Gesicht, der stinkende Hautgeruch wird immer schlimmer, ich kann nicht mehr, gleich kommt alles aus mir raus, aber wie komme ich da wieder raus, die Masse schiebt mich vorbei an der Kochinsel, ich ergreife sie, halte mich an ihr fest, die vorbeidrängende Masse drückt mein Gesicht in die Sauerteigschüssel, fest, immer fester, so lange, bis es schön wird, schön und alleine, still und blubbernd, so will ich bleiben, nur ich und ein Teig, so soll es bleiben, bis alle an mir vorüber sind, was noch dauern kann, viele weiche Körper rammen mich, ich kann nicht mehr, mein gesamter Mageninhalt entleert sich in die Sauerteigschüssel hinein, die sich entsetzt meinen Händen entreißt, zu Boden fällt, aber mein Körper ist noch nicht fertig, er entleert sich über die Kochinsel, entleert sich auf den Boden, entleert sich bis zur völligen Leere. Bis da nichts mehr ist. In mir und um mich.

Ich wollte eigentlich zu meiner Schwester fahren, habe ich mir gedacht, als ich aufgewacht bin und sofort anfangen wollte, die Sauerteig- und Mageninhaltsreste vom Boden zu wischen. Niemand soll wissen, dass ich hier gewesen bin, selbst ich will nichts davon wissen, dass ich hier gewesen bin, nichts darf darauf hinweisen, dass ich Teil von etwas war, wovon ich nie Teil werden wollte, habe ich mir gedacht, als ich nach einem Papier gesucht und keines gefunden habe, als ich aufgestanden bin, weiter gesucht habe, und als da nichts war. Nichts. Kein Mageninhalt, kein Sauerteig, keine Partyreste, kein Autoklav, kein Schwungradschneider, keine mauszerfressenen Sessel, kein Hautgeruch. Da war nur ich in diesem leeren Keller. Ich in diesem leeren Keller ohne Party, in dem nichts danach ausgesehen hat, dass da jemals eine Party war. Es ist schon erstaunlich, auf einer Party gewesen zu sein, die es vielleicht nie gegeben hat, wer kann so etwas schon von sich behaupten? Ich kann das ab heute von mir behaupten, habe ich mir weiter gedacht, nicht unbeeindruckt von mir selbst, während ich mich erneut umgeschaut habe und da noch immer nichts war außer diesem Keller. Ich in diesem Keller, noch immer in meiner

Arbeitskleidung, der alten Jean und den weißen Turnschuhen. Und langsam ist mir mein eigentliches Leben wieder eingefallen, bin ich mir eingefallen, ich, die ich war ohne diese Party: die Uni, das Buch, die Eismaschine, das Softeis, das da hinten irgendwo gelagert sein muss und das ich eigentlich holen wollte, es kommt mir vor, als wäre eine Ewigkeit vergangen. Wie viel Ewigkeit wohl vergangen sein mag? Vielleicht ein paar Minuten oder waren es nur ein paar Sekunden, wer weiß das schon. Es kann eine ziemliche Erleichterung sein festzustellen, dass man an einem Ort, an dem man nie gewesen sein wollte, gar nie war, meistens ist es ja umgekehrt, was für eine Überraschung also, für die ich dem Leben recht dankbar bin, jetzt muss ich gehen, ich muss zu meiner Schwester fahren, das Richtige tun, wie man so sagt. Zum Glück ist das Leben manchmal doch so freundlich und hält eine Dramaturgie bereit, die einen nach so einem Wahnsinn ganz von selbst das Richtige tun lässt, ich geh also los, raus aus diesem Keller, renn los, vorbei an allem, was nicht da ist, wo nichts ist, wo ein Autoklav nie war, vorbei am Schwungradschneider, der nicht ist, da, wo der Schwungradschneider nicht ist, ist etwas am Boden, etwas, was sich farblich vom Boden abhebt, etwas Kleines, Schleimiges, ich dreh um, schau es aus der Nähe an, seh es liegen am Boden, grün und körnig, deutlich, viel zu deutlich, die Petersilie, ich erkenn sie ganz genau, wie sie in ihrer verwelkten

Art schon fast eins mit dem Boden ist, ich tret sie weg, hoff, dass sie dann nicht mehr da ist, aber sie ist noch immer da, tret noch einmal, sie bleibt, völlig unbeeindruckt gammelt sie in aller Ruhe am Boden vor sich hin, als hätte sie eine wilde Partynacht hinter sich, scheiß drauf, ein guter Zeitpunkt, zu meiner Schwester zu fahren, ein guter Zeitpunkt, das Richtige zu tun, es könnte ja auch etwas anderes gewesen sein, ein beliebiger Dreck zum Beispiel, nicht jeder beliebige Dreck, dem man begegnet, hat auch gleich eine Bedeutung, ich renn zur Tür, sie ist angelehnt, also offen, immerhin etwas, greif nach der Türschnalle, da reißt jemand von außen die Tür auf – ich seh nichts, das Tageslicht –, streckt mir ein Glas entgegen und sagt mit einer etwas zu schrillen Stimme: „Jägerbomb?"

DANKE

Dieter Woll, meinem Regisseur, Lehrer und Freund für die inspirierende Zusammenarbeit beim Bühnenprogramm „Aus Liebe“, das einen wichtigen Grundstein für den Roman gelegt hat.

Anna Jung für das spontane Interesse an meinem Manuskript und den Beginn einer großartigen Zusammenarbeit.

Literaturzeitschrift **Lichtungen** und **Andrea Stift-Laube** für Förderung und Ermutigung.

Tanja Raich und dem Leykam Verlag für die Begeisterung für den Text, die Bereitschaft, ihn innerhalb weniger Monate zu veröffentlichen, und die beste Zusammenarbeit.

Senta Wagner für das respektvolle, kritische, lustige und beste Lektorat.

Berni Wagner, Mario Wagner und **Elias Hirschl** für wertvolle Hinweise.

Katrin Hammerl für die Auseinandersetzung mit meinen Texten sowie spannende und lustige Gespräche über Sprache, Literatur und alles andere.

Nicole Hahnl für das mehrfache Lesen des gesamten unfertigen, halb fertigen und fertigen Manuskripts, inspirierende Gespräche und Ermutigung.

Philip Yaeger für das Interesse, einen unfertigen, halb fertigen und fertigen Text mehrfach zu lesen. Für Inspiration, Diskussion, wertvolle Kritik und Unterstützung.

Literatur bei leykam:

Muttersein: Die ärgste und schönste Sache der Welt

Teresa Bücker, Sandra Gugić, Andrea Grill uvm. haben sich auf vielfältige Weise mit dem Mutterwerden und Muttersein auseinandergesetzt. Wie wird frau zur Mutter? Welche Erwartungen werden an die Mutterrolle gestellt? Wie gehen Mütter mit Fremdbestimmung um? Welche Freiheiten nehmen oder erkämpfen sie sich? Und wie sieht eigentlich gleichberechtigte Elternschaft aus? Ein Buch, das beglückt und wehtut, das wütend und mutig macht, aber vor allem eines zeigt: Mutter sein ist die ärgste, schwierigste, intensivste und schönste Sache der Welt.

216 Seiten | ISBN 978-3-7011-8197-1 | 22,-

MIX
Papier aus verantwortungsvollen Quellen
FSC® C014138

Product footprint
CO_2 Neutral
NC-CFM-015258
www.nepcon.net

UMSCHLAGGESTALTUNG, SATZ UND TYPOGRAFIE: Christine Fischer
© Covermotiv: Magnia | shutterstock.com
DRUCK: Finidr, s.r.o
LEKTORAT: Senta Wagner
GESAMTHERSTELLUNG: Leykam Buchverlag

WWW.LEYKAMVERLAG.AT

ISBN 978-3-7011-8207-7

Gedruckt mit freundlicher Unterstützung durch das Land Steiermark und die Kulturabteilung der Stadt Wien.

Stadt Wien

Das Land Steiermark